대구 동화사 염불암 〈극락구품도〉

불설대승무량수장엄청정평등각경

佛說大乘無量壽莊嚴清淨平等覺經

●

회집자 **하련거**(夏蓮居, 1884 ~ 1965)

하련거(夏蓮居) 거사의 본명은 하계천(夏繼泉)이며, 자는 부재(溥齋), 호는 거원(渠園)이다. 거사는 중년 이후 전심으로 정토염불을 수행하며, 이름을 연거(蓮居)로 바꾸고 호를 일옹(一翁)이라고 하였다. 산동성 운성 출신이며, 청나라 운남제독 하신유의 장자로 태어났다. 청나라에서 과거에 급제하여 직예지주, 정해지현, 강소부부 등을 역임하고, 신해혁명 후 산동성 각계 연합회 회장에 추대되어 산동 독립을 선포하기도 하였다. 1925년 군벌 장종창의 핍박을 피해 일본으로 갔다가 44세인 1927년 귀국한 뒤, 이름을 연거(蓮居)로 바꾸고 오로지 정토 수행에 매진하였다. 1932년부터 5종 무량수경의 회집을 시작하였으며, 1939년 정종학회를 창립하였다. 1946년 회집본 무량수경의 원고를 최종적으로 수정하여 완성하였다. 참선과 교학은 물론 현교에서 밀교까지 모두 아우르며 섭렵하였고, 마음을 다하여 널리 교화하며 대승불법을 널리 찬탄하고 정토로 회귀한 하련거 거사는 20세기의 걸출한 불교학자이며 정토수행자이다.

●

번역자 **각산**(覺山) **정원규**(鄭源奎)

경남 진주에서 출생하여 경북대 중어중문학과를 나왔다. 중국에서 연수와 파견근무를 하던 중 접한 중국의 불서와 중국의 고승에 감명을 받아 국내에 소개하고 있다. 불교에 입문한 이후 경전 연구, 염불, 능엄주 지송, 참선 등의 수행을 통해 마음을 밝혀 견성하기 위해 정진하고 있다. 옮긴 책으로『오대산 노스님의 인과이야기』, 『염불, 모든 것을 이루는 힘』, 『선화 상인 능엄신주 법문』, 『선화 상인 능엄경 강설』(상·하), 『허공을 타파하여 마음을 밝히다』, 『내 이름을 부르는 이 누구나 건너리』, 『부처님 말씀 그대로 행하니』, 『생사의 근본에서 주인이 되라』 등이 있다.

불설대승무량수장엄청정평등각경
佛說大乘無量壽莊嚴淸淨平等覺經

⊙

하련거 거사 회집

夏蓮居 居士 會集

⊙

각산 정원규 번역

覺山 鄭源奎 飜譯

불광출판사

서문

가장 원만한 무량수경

정토법문에서 『무량수경(無量壽經)』은 으뜸가는 경전으로서 중요한 핵심 가르침을 모두 망라하고 있다. 그렇기 때문에 정토종의 대덕들은 항상 『무량수경』을 정토 제일의 경이라고 하였다. 그러나 정토의 다른 경전과 달리 널리 보급되지 못한 것은 여러 번역본의 내용에 상당한 차이가 있었기 때문이다.

『무량수경』은 중국에서 가장 초기에 들어와 번역되었다. 이 경의 번역본은 한(漢)나라 시대부터 송(宋)나라 시대에 이르기까지 모두 12종이 있었으나 현재 5종의 번역본만 전해오고 있으며, 나머지 7종의 번역본은 실전(失傳)되어 전해지지 않는다. 현존하는 5종의 번역본으로는 ① 후한(後漢)시기에 월지국 출신의 사문 지루

가참(支屢迦讖, 147-186)이 낙양에서 번역한 『무량청정평등 각경(無量淸淨平等覺經)』, ② 오(吳)나라 시대에 월지국 출신의 우바새 지겸(支謙)이 번역한 『불설제불아미타삼야삼불살루불단과도인도경(佛說諸佛阿彌陀三耶三佛薩樓佛檀過度人道經)』, ③ 삼국시대 위(魏)나라 때 인도의 사문 강승개(康僧鎧)가 낙양 백마사에서 번역한 『무량수경(無量壽經)』, ④ 당(唐)나라 때 남인도 삼장법사 보리류지(菩提流支)가 번역한 것으로 『대보적경』의 한 품인 『무량수여래회(無量壽如來會)』, ⑤ 송(宋)나라 사문 법현(法賢)이 번역한 『불설대승무량수장엄경(佛說大乘無量壽莊嚴經)』이 있다. 이 가운데 우리나라에 많이 보급된 것은 강승개 스님이 번역한 『무량수경』이다.

다른 경전과는 달리 이 경의 번역본이 내용상에서 차이가 많은 것은 번역에 사용한 범어 원본이 같지 않았기 때문이다. 『아미타경』, 『금강경』, 『법화경』 등의 번역본은 번역자에 따라 내용상 약간의 차이가 있을 뿐이나, 이 『무량수경』은 각각의 번역본에는 없는 내용이 들어 있기 때문에 원본의 내용이 달랐음을 추론

佛說大乘無量壽莊嚴淸淨平等覺經

할 수 있다. 그래서 이러한 내용을 모두 수록한 회집본(會集本)의 필요성이 제기되었다. 어느 하나의 번역본만 독송하기에는 부족함이 있었기 때문이다. 그래서 송나라부터 지금에 이르기까지 여러 대덕들이 회집하여 모두 4종이 나오게 되었다. 그중 왕일휴(王日休) 거사가 회집한 『대아미타경(大阿彌陀經)』이 그 당시 많은 환영을 받아 중국의 대장경인 용장(龍藏)과 일본의 대장경인 신수대장경(新修大藏經)에 수록되기까지 하였으나, 몇 가지의 부족한 점 때문에 원만하지 못하다고 평가되었다.

하련거 거사가 약 15년에 걸쳐 회집한 『무량수경』 회집본은 5종의 현존하는 번역본에 근거하여 편집하였으며, 한 글자도 자의적으로 바꾸지 않고 그 내용을 모두 수록하여 가장 원만한 회집본이라고 평가받고 있다. 그런 이유로 이 회집본 『무량수경』을 독송하면 5종의 번역본을 모두 독송하는 것과 같다. 5종의 번역본 내용이 모두 들어 있기 때문이다. 따라서 이 회집본을 독송하면 정토법문의 모든 것을 알 수 있다.

하련거 거사는 이 『무량수경』을 회집한 후 경의 제

목을 『불설대승무량수장엄청정평등각경(佛說大乘無量壽莊嚴淸淨平等覺經)』이라고 하였다. 이 경의 명칭을 보더라도 이 경은 대승경전이며, 무량수불(無量壽佛)의 성불 내용을 설명한 경이라는 것을 알 수 있다. 우리 불제자가 수행하는 것은 성불하여 일체 중생을 제도하기 위함이다. 무량수(無量壽)는 우리 진여자성의 체(體)를 나타내며, 장엄(壽莊)·청정(淸淨)·평등(平等)·각(覺)은 작용[用]을 나타낸다. 성불하기 위해서는 누구나 자기 자신을 공덕으로 장엄하고 불국토를 공덕으로 장엄해야 할 것이다. 그리고 아미타불의 명호를 염함으로서 식(識)으로 오염된 마음을 청정한 마음으로 회복해야 정토에 왕생할 수 있다. 『유마경(維摩經)』에서는 마음이 청정하면 불국토가 청정하다[心淨則佛土淨]고 하였다. 보살은 일체 중생에게 평등한 마음을 가져야 하며, 마음과 부처와 중생은 평등하다고 하였으며, 이러한 평등심을 얻어야 무상의 정각을 얻어 성불할 수 있다. 각은 무상정등정각(無上正等正覺)을 나타낸다. 따라서 장엄·청정·평등·각은 성불하기 위한 궁극의 나아갈 방향을 나타내고 있으며, 또한 아미타불의 성덕(性德)을 표현하고 있다고 할 수 있을 것이다. 그만큼 이 경의 제목은 대승 불법의 요체를 적절하게 표현했다고 할 수 있다. 『무량수경』이 이전에 『대아미타경』이라고 불리기도 한 것은 그만큼 『아미타경』과는 그 내용이 일맥상통하기 때문이리라. 두 경 모두 지명염불을 권장하였는데, 『아미타경』은 염불하여 일심불란(一心不亂)의 경지에 이르면 왕생한다고 하였으며, 『무량수경』에서는 "보리심을 발하여 줄곧 전심으로 아미타불을 염할[發菩提心 一向專念阿彌陀佛]" 것을 강조하고 있다. 이것이 『무량수경』의 수행종지라고 할 수 있을 것이다.

　『무량수경』은 정토법문 가운데 가장 먼저 번역되었을 뿐 아니라 가장 많은 내용을 담고 있다. 법장 비구가 48대원을 통하여 아미타불(阿彌陀佛)로 성불한 내용이 상세하게 기록되어 정토법문의 중요한 근거를 이루고 있다. 또한 극락세계의 장엄과 삼배왕생의 모습을 세세하게 설명하고 있다. 그리고 지금과 같은 사회의 상황을 다섯 가지의 악[五惡]과 다섯 가지의 고통[五痛],

다섯 가지의 태움(五燒)에 의해 괴로움을 당하는 오탁악세의 현상으로 너무나 적절하게 설하시면서 인과의 도리를 깨닫게 하고 극락세계로 돌아가게 하였다.

하련거 거사가 『무량수경』을 회집한 이후 한때 중국에서 독송이 크게 유행하였으며, 최근에는 대만의 정공(淨空) 노스님께서 『무량수경』 회집본을 꾸준히 강의한 덕분에 『무량수경』 회집본의 독송이 많은 불자들의 환영을 받고 있다. 『무량수경』 회집본이 이렇게 전 세계적으로 널리 보급된 데에는 황념조(黃念祖) 거사와 정공 노스님의 노력 덕분이라고 할 수 있을 것이다. 황념조 거사는 방대한 자료를 통하여 회집본을 주해하였으며, 정공 노스님은 회집본의 주해를 바탕으로 수십 년 동안 『무량수경』을 강의하고 있다. 또한 정공 법사의 지도로 회집본을 독송한 많은 불자들은 수승한 감응을 얻고 지혜를 열고 왕생하였다. 이번에 한국에도 『무량수경』의 선본(善本)이 세상에 나오면, 이 경이 정토수행의 법문을 다 포함하고 있기 때문에 이 경을 독송하는 불자들이 많아질 것이라 믿는다.

이전에 내가 염불을 위주로 수행할 때 중국에서 하련거 거사의 게송을 많이 애송하였으며, 『무량수경』의 회집본에 관한 정보를 많이 접하였다. 그러나 전체의 내용은 보지 못하다가 우리나라 어느 불자의 소개로 정공 법사의 정종학회(淨宗學會)에서 발간한 회집본을 구입하게 되어 그 내용을 살펴보니 기존의 『무량수경』에는 없는 내용이 많이 실려 있었다. 많은 내용이 추가되어 정토법문을 이해하는 데는 이 회집본만 읽어도 충분할 정도로 원만하게 느껴졌다.

그러나 그때까지 한국에는 번역본이 나오지 않아 염불수행을 하는 많은 불자들이 번역본이 나오기를 기대하고 있었다. 어떤 우바이가 말학에게 번역을 권하였지만 원만하게 번역할 수 있을지 자신하지 못하다가, 중국 인터넷에서 황념조 거사의 회집본 주해를 얻게 되어 약간의 자신감이 생겼다. 지난해 겨울 동안거를 하면서 『무량수경』 회집본을 정독하게 되었는데, 읽을수록 환희심이 나면서 하루빨리 번역하여 우리나라의 불자들에게 소개해야겠다는 마음이 일어났다. 그러던 중 집에 가서 책장에 꽂힌 자료를 찾다가 황념조 거사의 백화문 주석서와 정공 법사의 강의록을 발견하고 마치 보물을 찾은 듯 매우 기뻤다. 이 책들은 이전에 중국에서 생활하면서 사찰을 방문할 때 불서를 판매하는 곳이나 법공양하는 곳에서 수집하여 둔 자료로서 아직 읽어보지 못한 책이었다. 회집본 원문을 보면서 이해가 잘되지 못한 부분은 황 거사의 주석서를 보니 의문이 풀렸으며, 본격적으로 번역을 해도 되겠다는 자신감이 생겼다. 이번에 말학이 감히『무량수경』회집본 번역을 원만히 마무리하게 된 것에는 황념조 거사의 주해와 정공 법사의 강의가 큰 도움이 되었다.

그리고 정토법문의 핵심 경전인『무량수경』회집본의 번역을 정토도량인 해인사 홍제암에서 완성하게 된 것도 또한 인연이 아닌가 생각된다. 법은 홀로 일어나지 않고, 인연에 의지하여 일어난다고 하였다. 번역본의 원고를 출판사에 넘긴 이후 다행스럽게도『회집본 무량수경』(2016, 도암 스님, 맑은소리맑은나라)과『불설대승무량수장엄청정평등각경 강해』(2016, 허만항 거사, 비움과소통) 등

이 출간되어 불자들이 이 경을 이해하는 데 많은 도움을 주었으며, 더욱이 『무량수경』 회집본의 독송 영험록인 『아미타불 현세가피』(2016, 허만항 거사, 비움과소통)가 출간되어 『무량수경』 회집본 독송의 수승한 공덕을 느낄 수 있게 되었다. 이 모두 『무량수경』 회집본이 한국에서도 널리 알려질 인연이 도래하였음을 알리는 것이 아니겠는가!

염불법문은 말법시대 중생이 의지해야 할 법문이다. 『대집경(大集經)』에서 이르시기를 "말법시대에는 수억(億)의 사람이 수행하되 한 사람도 도를 얻기 어려우나, 오직 염불에 의해서만 생사를 건널 수 있다."라고 하였다. 지금은 이미 말법시대에 진입하였으므로 염불법문은 일반인의 근기와 상응한다고 말할 수 있다. 염불은 누구나 닦기 쉬운 방편법으로서 아미타불의 대원에 의지하여 염불하면 누구나 극락세계에 왕생하여 생사윤회의 고통에서 벗어날 수 있다. 용수보살께서도 다른 수행법은 난행도(難行道)이지만 염불수행은 이행도(易行道)라고 하였다. 믿고 염불하면 누구나 생사를 벗어날 수 있다. 마치 큰 배를 타면 험난한 바다를 건널 수 있는 것과 같이 업장이 무거운 중생이라도 아미타불 원력의 배를 타면 누구나 생사의 바다를 건널 수 있다. 너무나 쉬운 수행법이기 때문에 지식이 많은 사람일수록 믿음을 잘 내지 못하는 것 같다. 그래서 『아미타경』에서는 염불을 믿기 어려운 법문이라고 하였다.

이 『무량수경』 회집본은 염불법문에 믿음을 내게 하는 좋은 양약(良藥)이라고 할 수 있다. 왜냐하면 염불법문의 수승하고 불가사의함을 잘 설명하고 있기 때문이다. 정공 법사의 법문에 의거하면 이 경을 독송하여 수승한 감응을 얻고 지혜를 연 경우가 매우 많다고 한다. 정공 법사는 3천 번의 독송을 권한다. 하루 세 번, 3년간 3천 번을 독송하면 반드시 극락세계에 왕생한다고 하였다. 정토수행에 전념하는 수행자라면 한 번 발심하여 독송하면 수승한 공덕을 얻을 것이라 확신한다. 그러나 바쁜 현대인으로서 법사의 말씀대로 독송하는 것이 힘들다면, 하루에 몇 개의 품이라도 나누어 독송하면 좋을 것이다. 이번에 출간한 『무량수경』 회집본은 독송용으로 만들었으며, 한문으로 독송해도 좋고 한글 번역문으로 독송해도 좋을 것이다. 꾸준히 독송하다 보면 정토법문에 대한 믿음도 생기고 불법의 진리에 대한 지혜도 생길 것이다.

만약 단지 지명염불만 알고 그 종지를 이해하지 못한다면 왕생의 바른 인에 어두워 감응의 효과를 얻기 어렵다. 경에서도 이 경을 독송하고 수지하는 곳은 부처님께서 광명을 비추어 거두어 주신다고 하였다. 그리하여 이 경을 수지 독송하면 반드시 지혜가 열리고 인과를 이해하며 업장이 소멸될 뿐 아니라, 수명이 연장되고 복이 증장되는 효과를 얻을 수 있을 것이다.

그리고 이 경을 세상에 널리 유통하면 세상의 풍속을 바꾸고 사람의 마음을 바로잡는 공덕이 있을 것이다. 일본 준제(峻諦) 법사의 『무량수경회소(無量壽經會疏)』에서는 이 『무량수경』은 불[火]의 난, 물[水]의 난, 바람[風]의 난, 칼[刀杖]의 난, 귀신[惡鬼]의 난, 감옥[枷鎖]의 난, 원적(怨賊)의 난 등 일곱 가지의 난[七難]을 소멸시키는 진언이며, 천하가 태평해지는 비결이라고 하였다.

따라서 이 경을 독송하는 사람이 많을수록 세상에 재난과 횡화가 적어지고 안정될 것이다.

이전 중국 청나라의 조정에서는 관리들이 이『무량수경』을 함께 독송하여 나라의 안녕과 국운의 융성을 기원하고, 각자의 탐·진·치와 습기를 경계하였다고 한다. 그러나 서태후가 집권 후 자기의 잘못된 행동들이 경에 많이 나오자 독송을 그만두게 하였으며, 청나라도 곧 멸망하게 되었다. 그만큼『무량수경』은 생사를 벗어나는 길을 가리킬 뿐 아니라 인생의 바른 도리를 설하고 있다. 따라서 이『무량수경』 회집본은 말법시대의 중생을 구제할 큰 배로서 믿음을 내어 독송하고 염불하는 사람은 누구나 이 배를 타고 생사의 바다를 건널 수 있을 것이다.

이번『무량수경』 회집본의 번역과 인연 있는 모든 분들과 불광출판사 및 출간에 수고하신 모든 분들께 진심으로 감사드린다. 이 경의 출간으로 말미암아 한국에도 독송 붐이 일어나기를 기대한다. 그리고 뜻있는 불자들이 이 경전에 대한 주해, 주석서를 계속 출간하기를 바라며, 많은 불자들이 이 경의 가르침을 통하여 정토법문에 대한 믿음을 일으켜 다 같이 극락세계에 왕생하기를 기원한다.

불기 2561년(서기 2017년) 2월

지리산 삼화당(三和堂)에서

각산 정원규

하련거 거사 약력

하련거(夏蓮居, 1884-1965) 거사의 본명은 하계천(夏繼泉)이며, 자는 부재(溥齋), 호는 거원(渠園)이다. 거사는 중년 이후 전심으로 정토염불을 수행하였으며, 이름을 연거(蓮居)로 바꾸고 또 호를 일옹(一翁)이라고 하였다. 산동성 운성(鄆城) 출신이며, 청나라 시기 운남제독 하신유(夏辛酉)의 장자로 태어났다. 20세기 걸출한 불교학자이며 정토수행인으로서 재가의 대덕(大德)이다.

거사는 벼슬하는 집안에 태어나 약관의 나이에 유학을 공부하여 나라를 구하고 세상을 제도하려는 마음을 품었다. 청나라에서 과거에 급제하여 직예지주(直隷知州),[01] 정해지현(靜海知縣), 강소지부(江蘇知府) 등을 역임

---

01) 직예는 지금 하북성(河北省)의 옛 이름이며, 지주는 주의 장관이다.
   지현과 지부도 지방관의 이름이다.

하고, 신해혁명 후 산동성 각계 연합회 회장에 추대되어 산동 독립을 선포하였다.

1912년 산동도독부 최고고문 겸 비서장, 참모장 등의 직책에 초빙되었으며, 1913년 대북(岱北) 관찰사에 임명되고, 그해 5월 공화당, 통일당, 민주당이 합당하여 만들어진 진보당의 산동진보당지부 부부장이 되었다. 민국 원년(1912)부터 2년간 거사는 송, 명의 모든 유교서적을 연구하고 열람하였으며, 친구인 매광희(梅光羲) 거사의 권유로 불교를 믿게 되었다. 또한 거사가 불교를 배운 것은 모친의 가르침과 관련이 많다. 거사는 불교를 배운 지 얼마 지나지 않아 채식을 시작하였다. 그 후 산동 대북도에서 하남의 예서(豫西) 관찰사, 여양(汝陽) 도윤이 되었지만 1916년 사직하고 고향으로 돌아왔으나, 다시 총통부의 비서로 초빙되었다. 1918년 국회의원에 당선되었으며, 1919년 11월 산동 염운사(鹽運使)에 임명되어 소금전매의 폐단을 철저하게 제거하여 널리 백성의 칭송을 받았다.

대략 1921년 전후 도반인 매광희(당시 산동 고등검찰청장)

거사와 함께 당시 선종과 교학의 대선지식인 안경(安慶) 지장암 혜명(慧明) 노스님(항주 영은사 방장 역임)에게 귀의하여 삼귀의와 오계를 받았다. 혜명 노스님은 오직 사람들에게 염불을 권하였으며, 사람들이 선종의 참선을 물으면 말을 하지 않고 묵묵히 계셨다. 하련거 거사가 비록 정토법문의 수승함을 아직 깊이 이해하지 못했으나, 정토법문의 오묘함에 뜻을 두게 된 것은 이때부터 시작되었다.

1922년 6월 거사는 산동 염운사의 직위에서 물러났다. 그때부터 세속의 일에 욕심을 버렸으며, 각종 행정의 요청을 결연히 거절하고, 오로지 학술과 교육 방면에 뜻을 두었으며, 학술로써 시대의 폐단을 바로잡고 세상을 교화하기를 서원하였다. 먼저 사립 동로(東魯)중학을 세워 교장이 되었는데, 동방의 문화를 널리 알리는 것을 설립이념으로 삼았고 직접 학생들을 가르쳤다. 이 일로 교육계의 주목을 받게 되었고 많은 뜻있는 인재들이 와서 배움을 구하였다. 그러나 당시는 군벌들이 서로 어지럽게 다투면서 전쟁을 일으켜 국운이

풍전등화와 같았기에 학술로 세상을 구제하려는 뜻은 펼치지 못하였다. 그리하여 거사는 여러 가지 학문에서 불교로 그 뜻을 돌리게 되었다. 선종의 공안 참구에 오랫동안 정진하여 상당한 깨달음이 있었으며, 아울러 널리 교학의 바다를 섭렵하고, 천태지관(天台止觀)을 수습하여 세상을 벗어나려는 마음이 돈독하였다.

1925년 군벌 장종창이 죄상을 날조하여 거사를 해치려고 가산을 몰수하고 체포령을 내리자 거사는 일본으로 도피하였다. 이 일은 하련거 거사 일생에서 중대한 전환점이 되었다. 일본에 체류하는 기간 동안 문화예술계와 종교계의 저명인사들과 교류하게 되었으며, 많은 사람들의 존경을 받았다. 재능 있는 인사들이 많이 찾아와 학문을 물었고, 심지어 어떤 사람은 제자의 예를 갖추고 종신토록 바꾸지 않았다.

1927년 귀국한 후 병이 나 천진에 머물렀는데, 이때가 44세였다. 그 당시 중국 대륙은 곳곳이 전쟁터였으며 고향은 이미 폐허가 되어 눈에 보이는 것은 모두 무상(無常), 괴로움〔苦〕, 공(空)을 설하고 있었다. 거사는 온

하련거 거사

갖 세상일을 다 겪고 난 후 그 마음을 돌리게 되었다.
금석문(金石文), 서화(書畫), 성리학(性理學)과 시를 읊는 것
이 결국에는 궁극이 아님을 깨닫고 다시는 그런 것에
마음을 두지 않았다. 그때부터 자신의 이름을 연거(蓮
居)라고 바꾸고, 병을 핑계로 외부로 나가지 않았으며,
문을 걸어 잠그고 오로지 정토의 수행에 매진하면서

서방극락 왕생에 뜻을 두었다. 거사가 폐관하는 기간 일찍이 북경에 가서 염화사(拈花寺)의 성원(省元) 선사를 참방하였는데, 선지(禪旨)가 서로 상당히 계합하였다. 선사는 "염불이 참선보다 수승하구나."라고 말씀하였다. 1929년 초 하련거 거사는 굴영광(屈映光) 거사와 함께 바이푸런(白普仁) 라마에게 귀의하여 사비관음법(四臂觀音法)의 관정을 받고 육자대명주의 법을 전수받았다.

1939년 하련거 거사가 먼저 제안하여 광제사의 현명(現明) 스님, 근간재(靳艮齋) 거사와 공동으로 정종학회(淨宗學會)를 창립하였다. 조직의 형식은 사부대중의 평등한 자발적인 단체로서 실제 기구는 설립하지 않았다. 불교의 대중화, 신앙의 생명화, 불법의 생활화를 지도이념으로 하여 수행활동을 전개하였다. 학회가 정한 수행준칙은 다음과 같다. "이치를 이해하고, 믿음을 깊게 하며, 발원을 간절하게 하고, 수행은 전일하게 한다. 공부가 순수하고 업을 청정히 하고, 망상을 소멸하여 진실을 드러낸다. 지계하여 염불하고, 경론을 연구하며, 허물을 살피고, 습기를 제거하며, 자기를 속이지

말자." 이 정종학회는 지금은 정공 법사의 지도하에 홍콩, 대만, 싱가포르, 호주, 미국, 캐나다, 영국, 독일 등 많은 나라에 지부를 설립할 정도로 발전하여 많은 사람들이 정토법문을 배우고 수행하고 있다.

거사는 이러한 자세로 정토법문을 널리 알리고, 불자들로 하여금 믿음과 발원을 갖춰 지명염불로 아미타불 대원의 바다에 들어가게 하였다. 1946년은 거사가 1932년부터 『무량수경』 회집을 발원한 지 이미 15년이 되는 때였는데 그해에 최종적으로 원고를 수정하였다. 그해 초겨울 황념조 거사는 모친의 60세 생신을 축하하기 위하여 모친의 청을 받들어 회집본 1천 부를 인쇄하기로 발심하였다. 황념조 거사가 회집본의 연기와 전후 경과를 준비하고, 외삼촌인 매광희 거사가 서문을 지었으며, 장인인 숙용우(肅龍友) 노거사가 발문을 지었으며, 혜명 노스님이 증명하였다. 하련거 거사는 이러한 수승한 인연을 만나 48품의 회집본을 완성하였다. 그 후 정종학회, 만국도덕회 등 제방의 선남자, 선여인들이 발심하여 계속 인쇄부수가 늘어났다.

그 당시 황정명(黃正明)이라는 여사가 여러 해 동안 병으로 고생하며 온갖 약을 써도 차도가 없었는데, 이 『무량수경』 회집본에 절하고 독송하여 병이 문득 완쾌되었다. 그러자 황 여사는 미래세가 다하도록 이 경전을 널리 알릴 것을 발원하였다. 그 후 많은 사람들이 이 회집본을 독송하고 사경하기 시작하였다.

1946년경 티베트 백교(白敎)의 대덕이신 공가후투커투(貢嘎呼圖克圖) 존자가 북경에서 법을 펼치고 있었는데, 하련거 거사를 한 번 보고는 하 거사의 제자인 황념조 거사에게 직접 말하기를 "이곳에서 무상밀종(無上密宗)의 금강아사리를 맡을 수 있는 분은 오직 이 한 분뿐이다."라고 하였다.

1962년 79세가 된 하련거 거사는 일생 동안 근검절약하며 거두어 간직하였던 진기한 역사적 문물 300여 점을 고궁박물관과 산동박물관, 운성현에 나누어 기증하였다. 1965년 12월 14일(음력 11월 22일) 82세의 나이로 거사는 약간의 불편함을 느낀 후 밤에 염불소리 가운데 편안하게 왕생하였다.

거사는 어릴 때부터 배움에 뜻을 내어 많은 서적을 열람하여 박학하고 이치를 꿰뚫었다. 아울러 여러 예술에도 능하였으며, 중년에는 남모르게 불교를 수행하여 참선과 교학은 물론 현교에서 밀교까지 아우르며 공부하였으며, 마음을 다하여 널리 교화하고 대승불법을 널리 찬탄하고, 정토로 회귀하였다. 도를 구하고 배움을 묻는 자가 매일 집에 가득하였으며, 그로부터 법의 이익을 얻은 사람이 부기지수였다. 하련거 거사는 많은 정토시를 남겼는데, 정토수행의 핵심을 잘 표현한 그의 정토 게송 하나를 소개하고자 한다.

청불헌기(聽佛軒記)

법문은 무량하나 요점은 마음을 밝히는 데 있으며
공이 높고 들어가기 쉬운 것은 염불만한 것이
없구나.
염불의 진실한 가르침의 체(體)는 청정하게
소리를 듣는 데 있으니
염불삼매를 이루려고 하면 먼저 이근(耳根)을
닦아야 하네.
하루 모든 시간 가운데 부처님의 명호가 역력하고
소리가 귓구멍을 넘지 않아도 귀로 듣는 것이
항상 가득차면
인연 따라 자재하고 듣는 성품 안으로 훈습되네.
생각이 전일하고 상념이 적정(寂靜)하면
쌓인 정(情)은 원융하게 밝아지니
부처는 본각(本覺)이고, 염하는 것은 시각(始覺)이라.
염(念)으로써 들음을 열고, 들음으로써
염불수행을 닦으면

듣는 것이 바로 염하는 것이며,

염하는 것이 듣는 곳에서 이루어져

염이 있으면 반드시 듣게 되고,

들음이 없으면 염함이 아니네.

염함이 있어도 염이 쉬어지며,

들음이 없어도 들음이 다하면

들음으로써 (성품의) 흐름에 들어가서 돌이켜

자성의 소리를 듣네.

오직 소리소리에 자기를 일깨우면,

바로 생각생각이 항상 깨달으며,

단지 전도망상을 따르지 않으면 이것이

무명을 뒤엎어 깨트리는 것이네.

처음에는 번뇌를 등지고 깨달음으로 향하나

계속 나아가면 시각(始覺)이 본각(本覺)과 합해지며

오래되면 시각(始覺)과 본각(本覺)도 서로 없어져서

자연히 능(能 : 주체)과 소(所 : 객체)를 모두 잊게 되네.

法門無量 要在明心。功高易進 無如念佛。

此方眞教體 淸淨在音聞。欲成三昧 先修耳根。

一切時中 佛號歷然 聲不越竅 耳聽常滿

隨緣自在 聞性內熏 思專想寂 滯情融朗。

佛是本覺 念是始覺 以念啓聞 以聞修念。

聞卽是念 念成于聞. 有念必聞 無聞非念

有念念息 無聞聞盡 從聞入流 返聞自性。

但能聲聲喚醒自己 卽是念念常覺。

但能不隨顚倒 卽是翻破無明。

初則背塵向覺 繼則始覺合本。

久則始本相泯 自然能所雙忘。

– 중국 근세 하련거(夏蓮居) 거사의 정어(淨語) 중에서

목차

송경의식
誦經儀式

나무 연지해회불보살 (3번) 南無 蓮池海會佛菩薩

나무 석가모니불 南無 釋迦牟尼佛
나무 아미타불   南無 阿彌陀佛
나무 관세음보살 南無 觀世音菩薩
나무 대세지보살 南無 大勢至菩薩

정구업진언 淨口業眞言

수리수리 마하수리 수수리 사바하 (3번)

개경게 開經偈

위없는 매우 깊고 미묘한 법이여   無上甚深微妙法
백천만 겁에도 만나기 어렵습니다.   百千萬劫難遭遇
저는 지금 듣고 보아 받들어 지니면서 我今聞見得受持
여래의 진실한 뜻 이해하기를 원합니다. 願解如來眞實義

개법장진언 開法藏眞言

옴 아라남 아라다 (3번)

불설대승무량수장엄청정평등각경
佛說大乘無量壽莊嚴淸淨平等覺經

o

한글편

『무량청정평등각경(無量淸淨平等覺經)』
후한(後漢) 월지국 사문 지루가참(支婁迦讖) 역

–

『불설제불아미타삼야삼불살루불단과도인도경
(佛說諸佛阿彌陀三耶三佛薩樓佛檀過度人道經)』
오(吳) 월지국 우바새 지겸(支謙) 역

–

『무량수경(無量壽經)』
위(魏) 인도 사문 강승개(康僧鎧) 역

『무량수여래회(無量壽如來會)』
당(唐) 남인도 삼장법사 보리류지(菩提流支) 역

–

『불설대승무량수장엄경(佛說大乘無量壽莊嚴經)』
송(宋) 사문 법현(法賢) 역

보살계제자 운성(鄆城)의 하련거가
위의 다섯 번역본을 회집하다

제
1

법회의
성스러운
대중

◉

이와 같이 내가 들었다. 어느 때 부처님께서는 왕사
성 기사굴산에서 대비구 1만 2천 명과 함께 계셨다. 이
모든 큰 성인들께서는 신통에 이미 통달하였으며 그
이름은 이러하다. 교진여 존자, 사리불 존자, 대목건련
존자, 가섭 존자, 아난 존자 등이 상수제자가 되었으
며, 또한 보현보살, 문수사리보살, 미륵보살과 현겁(賢
劫)01 가운데의 일체 보살들이 모두 법회에 모였다.

대보살들이
보현보살의
덕행을
따르다

◉

그리고 현호보살 등 열여섯 분의 정사(正士)가[02] 있었
으니, 선사유보살, 혜변재보살, 관무주보살, 신통화보
살, 광영보살, 보당보살, 지상보살, 적근보살, 신혜보
살, 원혜보살, 향상보살, 보영보살, 중주보살, 제행보
살, 해탈보살이 상수가 되었다. 모두 함께 보현대사의
덕[03]을 따르고 닦았으며, 무량한 행원(行願)을 구족하여
일체의 공덕법[04] 가운데 편안히 머물렀다. 시방세계를
두루 다니면서 선교방편(善巧方便)의 법을 행하며, 부처
님의 법장(法藏)[05]에 들어가 궁극의 피안에 이르렀다.

보살들은 시방의 무량한 세계에서 무상의 정각을 이루기를 발원하였다. 보살들은 도솔천을 떠나 왕궁에서 태어나 왕자의 지위를 버리고 출가하여 고행하면서 도를 수행한다. 이러한 시현을 나타내는 것은 세간을 수순하기 위한 까닭이다. 선정과 지혜의 힘으로 마(魔)의 원한을 항복시키고 미묘한 법을 얻어 최상의 정각을 이루며, 천인이 공경하고 귀의하며 법륜 굴리기를 청한다.

항상 법의 음성으로 모든 세간의 중생을 깨닫게 하며, 번뇌의 성을 깨뜨리고 모든 욕망의 요새를 파괴하며, 미혹과 번뇌를 소멸시켜 본래의 광명을 드러나게 한다. 중생을 조복하고 미묘한 이치를 선양하며, 공덕을 구비하여 중생에게 복전을 보인다. 모든 법의 약으로 세 가지 괴로움[06]을 구제하고, 관정(灌頂)[07]의 계단을 오르며, 성불의 수기(授記)를 준다. 보살을 가르치기 위하여 아사리[08]가 되어 항상 심성(心性)과 무변한 모든 행(行)과의 상응함[09]을 닦고 익힌다.

시방세계 보살의 무변한 선근을 성숙시켜 원만하게

성취하게 하기에 무량한 부처님들께서 모두 함께 법회에 모인 대보살들을 보호하고 억념(護念)하신다. 대보살들이 여러 부처님의 국토 가운데서 모두 응신과 화신으로 시현하는 것은 비유하면 능숙한 마술사가 여러 기이한 모습을 환상으로 드러내는 것과 같으며, 그러한 모습 가운데는 실로 아무것도 얻을 것이 없다. 이 모든 대보살의 시현도 이와 같다.

제법의 성품을 통찰하고 갖가지 차별적인 중생의 모습을 통달하며, 모든 부처님을 공양하며 많은 중생을 교화하고 인도한다. 그 몸을 화신으로 나타내는 것은 마치 번갯불과 같다. 마의 사견(邪見)의 그물을 찢고 모든 속박을 풀어주며, 성문과 벽지불의 지위를 멀리 초월한다.

공(空)과 무상(無相), 무원(無願)의 법문으로 들어가, 방편을 잘 세워 삼승(三乘)[10]의 가르침을 나타내 보이며, 이 가운데서 열반에 드는 모습을 나타낸다. 생함이 없고 멸함이 없는 모든 삼매를 얻고 또한 일체의 다라니문을 얻는다. 수시로 화엄삼매(華嚴三昧)[11]에 깨달아 들어가며, 총지(總持)의 백천 가지 삼매를 구족한다. 깊은 선정에 머물러 무량한 여러 부처님들을 뵈오며, 한 순간에 일체의 불국토를 두루 노닌다. 부처의 변재를 얻고 보현의 행에 머물며, 중생의 언어를 잘 분별하여 중생들로 하여금 진실의 가운데[眞實之際][12]를 깨달아 들어가게 한다. 세간의 모든 법을 초월하여 마음은 항상 세간의 일체 중생을 제도하는 도에 안주한다.

일체 만물에 대하여 뜻을 따라 자재하며, 일체 중생을 위하여 청하지 않은 벗[13]이 된다. 여래의 깊고 깊은 법장을 수지하며, 부처의 종성[14]을 보호하여 항상 끊어지지 않게 한다. 대비심을 일으켜 유정을 가엾이 여겨 자비심으로 중생을 위하여 법을 설하고 법안(法眼)[15]을 주며, 악도를 막고 선(善)의 문[16]을 연다.

모든 중생을 자기와 같이 보아 그들의 부담을 구제하여 모두 열반의 피안으로 건너가게 한다. 대보살들은 모두 제불의 무량한 공덕을 얻었으며, 그들 지혜의 성스럽고 밝음은 불가사의하였다. 이들과 같은 많은 대보살들이 무량무변하여 일시에 와서 모였다. 그리고 비구니 오백 명, 청신사 칠천 명, 청신녀 오백 명이 있었으며, 욕계천, 색계천의 많은 천인과 범천의 대중들이 모두 함께 대법회에 참가하였다.

제

3

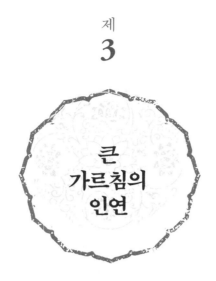

큰 가르침의 인연

◉

그때 세존께서는 위덕의 광명이 밝게 빛남이 마치 녹인 금 무더기와 같았으며, 또한 밝은 거울에 안과 밖으로 영상이 비치듯이 큰 광명을 나타내시어 수없이 많이 변하였다.

아난 존자는 즉시 스스로 사유하였다.

'오늘 세존의 금색 몸과 모든 육근은 즐겁고 청정하며, 얼굴은 매우 밝게 빛나서 시방의 불국토를 장엄하시는구나.'

일찍이 보지 못한 일이라 매우 기뻐하며 우러러 바

라보면서 희유하다는 마음이 생겼다. 즉시 자리에서 일어나 오른쪽 어깨를 드러내고 꿇어앉아 합장하면서 부처님께 아뢰었다.

"세존이시여, 오늘 대적정(大寂定)에 들어가시어 기이하고 특별한 법에 머무시며, 또한 모든 부처님께서 머무는 중생 인도(引導)의 행 가운데 가장 수승한 도에 머무십니다. 과거, 현재, 미래의 부처님들이 서로 마음이 통하시는 것 같습니다. 오늘 세존께서는 과거의 부처님을 생각하십니까, 미래의 부처님을 생각하십니까? 현재 타방세계에 계신 모든 부처님을 생각하십니까? 무슨 까닭으로 지금 세존의 위신(威神)이 밝게 빛나고, 광명과 상서가 수승하고 미묘합니까? 말씀하여 주시기를 원하옵니다."

그러자 세존께서는 아난에게 말씀하셨다.

"착하고 착하구나. 그대는 모든 중생을 애민하여 이로움과 즐거움을 주기 위한 까닭으로 이와 같은 미묘한 뜻을 묻는구나. 그대가 지금 이렇게 물은 것은 1천하(天下)의 아라한과 벽지불에게 공양하는 것보다 더 뛰어나며, 여러 겁 동안 모든 천인과 인간과 기어가거나 날아가거나 꿈틀거리는 모든 축생에게 보시하는 공덕보다 백천만 배나 뛰어나니라. 무슨 까닭이겠느냐? 모든 천인과 인간을 포함한 일체의 신령함을 가진 모든 중생[含靈]은 모두 너의 이 물음으로 인하여 제도되고 해탈될 것이기 때문이니라.

아난이여, 여래는 다함이 없는 큰 자비로 삼계의 중생을 불쌍히 여기므로 세상에 출현하였느니라. 불도의 가르침을 밝게 선양하여 일체 중생을 구제하며 진실한 이익을 주려고 하느니라. 부처님을 만나기 어렵고 보기 어려운 것은 마치 우담바라 꽃이 희유하게 출현하는 것과 같으니라. 지금 그대의 질문은 중생을 많이 요익케 할 것이니라.

아난은 마땅히 알아야 하느니라. 여래의 정각(正覺)은 그 지혜를 사량하기 어려우며, 일체법을 통달하여 장애가 없느니라. 한 생각 사이에 무량한 억겁을 머물며, 몸과 여러 근에 증감이 없느니라. 무엇 때문이겠느냐? 여래의 선정과 지혜는 궁극에까지 통달하여 끝이 없으며, 일체의 법에 가장 수승한 자재함을 얻었기 때문이니라. 아난은 깊이 듣고 잘 사유하여라. 내가 마땅히 그대를 위하여 분별하여 해설하리라."

제
4

법장 비구의 인지(因地) 발심

◉

부처님께서 아난에게 말씀하셨다.

"과거에 무량하며 헤아릴 수 없는 무수한 겁 이전에 부처님께서 세상에 출현하였으며, 세간자재왕(世間自在王) 여래(如來), 응공(應供), 등정각(等正覺),[17] 명행족(明行足), 선서(善逝), 세간해(世間解), 무상사(無上士), 조어장부(調御丈夫), 천인사(天人師), 불세존(佛世尊)이라고 이름하였느니라. 세상에서 42겁 동안 교화하시며 가르침을 주셨으며, 그때에 모든 천인과 세간의 사람을 위하여 경전을 설하고 불도를 말씀하셨느니라.

그 당시 큰 나라의 왕이 있었는데 세요왕(世饒王)이라고 이름하였느니라. 그 국왕은 부처님께서 불법을 설하시는 것을 듣고 기뻐하며 그 도리를 이해하였으며, 무상의 진정한 도를 구하려는 마음을 발하였느니라. 그리하여 국왕의 지위를 버리고 사문(沙門)이 되었으며, 법장(法藏)이라고 이름하였느니라.

법장 비구는 보살의 도를 수행하였는데, 재주가 높고 뜻이 광대하고 견고하며 마음이 밝아서 세상 사람들과 비교하여 매우 뛰어났으며, 믿고 이해하여 받아들여서 밝게 기억하는 것이 모두 제일이었느니라. 또한 수승한 행원과 염혜력(念慧力)[18]을 지니고 있었느니라. 그 마음을 증장시켜 견고하여 동요되지 않았으며, 수행과 정진이 그를 뛰어넘는 자가 없었느니라.

법장 비구는 부처님이 계신 곳으로 가서 정례하며 무릎을 꿇고, 부처님을 향하여 합장하여 게송으로 부처님을 찬탄하면서 광대한 원을 발하였느니라. 법장 비구는 게송으로 이렇게 말하였느니라.

여래의 미묘한 색신 단엄하여
일체 세간에서 비교할 분이 없네.
광명은 무량하여 시방세계를 비추니
해와 달의 불구슬도 모두 밝음을 잃네.

세존은 능히 한 음성으로 연설하시나
유정들은 각각 자신의 언어로 이해하며
또한 능히 하나의 묘한 색신을 나타내시나
널리 중생들은 자신의 몸으로 보게 하시네.

원하오니 부처님의 청정한 음성 얻어
저의 법음이 무변한 세계에 널리 이르며
계와 정과 정진의 법문을 선양하고
깊고 깊은 미묘한 법을 통달하며

지혜는 바다와 같이 광대하고 깊으며
마음속은 청정하여 번뇌를 끊고
끝이 없는 악도의 문을 뛰어넘어

열반의 궁극의 피안에 속히 이르게 하소서.

무명과 탐진치 모두 영원히 없어지고
미혹은 다하고 허물은 없어져 삼매력 얻어
또한 과거 무량한 부처님과 같이
저 모든 중생의 큰 인도자가 되어

일체의 모든 세간의
생로병사의 많은 고뇌를 구제하며
항상 보시와 지계, 인욕,
정진, 선정, 지혜의 육바라밀 행하여

제도되지 못한 유정 제도되게 하고
이미 제도된 중생 성불하게 하소서.
가령 항하사 같이 많은 부처를 공양해도
굳건하고 용감하게 정각을 구하는 것만 못하리.

원하오니 마땅히 삼매에 편안히 머물고

항상 큰 광명을 놓아 일체를 비추며
광대하고 청정한 불국토를 감응하여
수승하고 장엄함이 비할 바 없으리.

윤회하는 모든 세계 중생들이
속히 저의 불국토에 왕생하여 안락함을 받고
항상 자비의 마음으로 유정을 구하여
끝이 없는 괴로움의 중생을 다 제도하리.

저는 반드시 견고한 힘으로 행할 것이니
오직 부처님의 성스러운 지혜만이 증명하고 알 수 있네.
설령 몸이 모든 고통 가운데 있어도
이와 같은 대원의 마음은 영원히 물러나지 않으리.

제
5

지심으로
정진하다

佛說大乘無量壽莊嚴淸淨平等覺經

법장 비구는 게송을 다 설한 후에 부처님께 아뢰었다.

"저는 지금 보살도를 위하여 이미 위없는 정각의 마음을 발하였습니다. 저는 부처가 되기를 원하며, 일체 중생도 모두 부처님과 같아지기를 원하옵니다. 부처님께서 저를 위하여 경법을 널리 선설하여 주시기를 원하옵니다. 저는 마땅히 가르침을 받들어 지니면서 여법하게 수행할 것이며, 모든 힘들고 괴로운 생사의 근본을 뽑아내어 무상의 정등정각을 속히 이루겠습니다.

제가 부처가 될 때는 지혜의 광명과 거주하는 국토

와 가르치는 부처의 명호가 모두 시방세계에 알려지기를 원하옵니다. 그리고 모든 천인과 인간과 꿈틀거리는 축생까지 일체중생이 저의 국토에 왕생하면 모두 보살이 되기를 원하옵니다. 제가 세운 이러한 원은 모두 무수한 제불의 국토보다 수승하게 하려는 것인데, 이것이 가능하겠나이까?"

세간자재왕불은 즉시 법장을 위하여 경을 설하셨다.

"비유하면 마치 큰 바다에서 어떤 사람이 작은 됫박으로 바닷물을 무수한 겁 동안 퍼낸다면, 바닥에 다다를 수 있는 것과 같이 어떤 사람이 지심으로 도를 구하고 정진을 멈추지 않으면 당연히 과위를 이룰 수 있을 것인데, 무슨 원(願)인들 얻지 못하겠는가? 어떤 방편을 수행하면 장엄한 불국토를 성취할 수 있겠는지 그대는 스스로 사유하라. 그대의 본원에 따라 여법하게 수행하면 그대 자신이 당연히 알게 될 것이며, 청정한 불국토는 마땅히 그대 스스로 취해야 하느니라."

법장 비구가 아뢰었다.

"이러한 도리는 너무나 넓고 깊어서 저의 경계로는

알 수가 없으니, 여래 · 응공 · 정변지께서는 모든 부처
님의 무량하고 미묘한 불국토를 널리 연설하여 주시기
를 원하옵니다. 저는 이와 같은 법을 듣고 사유하고 수
습하여 원하는 것을 원만히 이루기를 서원하옵니다."

세간자재왕불은 법장 비구의 뜻이 고명하고 원이
깊고 광대한 것을 아시고, 즉시 210억 제불국토[19]의 공
덕장엄과 광대원만한 모습에 대하여 선설하셨다. 그
마음의 원에 응하여 모든 불국토의 모습을 법장 비구
에게 모두 나타내어 보이셨다. 이 법을 설하실 때 1천
억 년이 지나갔다.

이때 법장 비구는 부처님께서 말씀하시는 것을 듣
고 모두 눈으로 보았으며, 위없는 수승한 원을 발하였
다. 저 천인의 선악(善惡)과 국토의 거칠고 미묘함에 관
하여 궁극에 이르기까지 사유하였다. 곧 그 마음을 하
나로 집중하여 자기가 원하는 것을 선택하였으며, 마
침내 대원을 얻게 되었다.

법장 비구는 열심히 정진하며 부지런히 구하고 모
색하였으며, 공경하고 신중하게 일심을 보호하고 지켰

으니, 공덕을 수습(修習)하여 그의 불국토를 건립할 대원을 발하는 데 5겁이 경과하였다. 저 21구지[20] 불국토의 공덕장엄의 일에 관하여 하나의 불국토와 같이 명료하게 통달하였다. 법장 비구가 받아들인 불국토는 저 모든 다른 불국토보다 뛰어났다. 어떤 불국토를 섭수할 것인지를 결정한 후 법장 비구는 다시 세간자재왕 여래의 처소에 가서, 머리를 숙이고 발에 예배하고 부처님을 세 번 돈 후 합장하고 서서 세존에게 아뢰었다.

"저는 장엄할 불국토와 청정한 행을 이미 성취하였습니다."

부처님께서 말씀하셨다.

"좋구나! 지금이 바로 그러한 일을 말할 때이로다. 그대는 마땅히 다 갖추어 말하여 대중을 기쁘게 하고, 또한 대중들이 이 법을 듣고 수승한 법의 이익을 얻도록 하여라. 그리고 성취할 불국토를 잘 수습하고 섭수하여 무량한 대원을 원만히 이루도록 하여라."

제
6

큰
서원을
발하다

법장 비구는 아뢰었다.

"세존께서는 오직 큰 자비로 듣고 살펴주시기 원하옵니다.

제가 무상의 깨달음을 증득하여 정각을 이루면, 거주하는 불국토는 무량의 불가사의한 공덕과 장엄을 구족하여 지옥, 아귀, 금수와 꿈틀거리는 벌레가 없을 것입니다. 일체중생과 나아가 저승세계와 삼악도 가운데서 저의 국토에 왕생하는 중생은 모두 저의 법의 교화를 받고 모두 아뇩다라삼먁삼보리를 이룰 것이며, 다시는 악도에 떨어지지 않을 것입니다. 이러한 원을 성취하면 부처가 될 것이고, 이러한 원을 성취하지 못한다면 무상의 정각을 취하지 않겠습니다. (제1원 국토에 삼악도가 없는 원, 제2원 악도에 떨어지지 않는 원)

제가 부처를 이룰 때 저의 국토에 왕생하는 시방세계의 모든 중생은 자마진금색의 몸과 32상의 대장부 모습을 구족할 것입니다. 그 몸은 단정하고 정결하며 모두 동일한 종류가 될 것이며, 만약 형체와 모습에 차별이 있어서 아름답거나 추한 모습이 있으면, 정각을 취하지 않겠습니다. (제3원 몸이 모두 금색이 되는 원, 제4원 32상을 갖추는 원, 제5원 몸에 차별이 없는 원)

제가 부처를 이룰 때 모든 중생 가운데서 저의 국토에 왕생하는 자는 스스로 무량겁 이전의 숙명과 지은 선악의 업을 알 것입니다. 왕생자는 모두 통달하여 명료하게 보고 투철하게 모든 소리를 들을 수 있을 것이며, 시방세계의 과거, 미래, 현재의 일을 모두 알 수 있게 되기를 원하옵니다. 이러한 원을 성취하지 못한다면 정각을 취하지 않겠습니다. (제6원 과거의 숙명을 아는

원, 제7원 천안통을 얻는 원, 제8원 천이통을 얻는 원)

제가 부처를 이룰 때 모든 중생 가운데서 저의 국토에 왕생하는 자는 모두 타심지통을 얻을 것입니다. 이들이 만약 억 나유타 백천 불국토 중생의 마음을 모두 모른다면, 저는 정각을 취하지 않겠습니다. (제9원 타심통을 얻는 원)

제가 부처를 이룰 때 모든 중생 가운데서 저의 국토에 왕생하는 자는 모두 신통자재함과 바라밀다[21]를 얻을 것이며, 한 생각 일어나는 짧은 순간에 억 나유타 백천의 불국토를 지나 두루 순력하면서 모든 부처님께 공양할 수 없으면, 저는 정각을 취하지 않겠습니다. (제10원 신족통을 얻는 원, 제11원 두루 모든 부처님께 공양하는 원)

제가 부처를 이룰 때 모든 중생 가운데서 저의 국토에 왕생하는 자는 분별을 멀리 떠나고, 모든 육근이 고요하고 안정될 것이며, 이들이 만약 반드시 등정각을 이루어 대열반을 증득하지 못한다면, 저는 정각을 취하지 않겠습니다. (제12원 반드시 정각을 이루는 원)

제가 부처를 이룰 때 광명이 무량하여 시방세계를

널리 비추는 것이 모든 부처님보다 절대적으로 뛰어나며, 일월의 밝음보다도 천만억 배나 뛰어날 것입니다. 만약 어떤 중생이 저의 광명을 보거나 광명이 그 중생의 몸에 닿으면, 몸과 마음이 안락하지 않음이 없을 것입니다. 그 중생은 자비심으로 선을 행하여 저의 국토에 왕생할 것입니다. 만약 그렇지 못하다면, 정각을 취하지 않겠습니다. (제13원 광명이 무량한 원, 제14원 광명이 닿으면 안락한 원)

제가 부처를 이룰 때 수명이 무량할 것이며, 국토 가운데의 성문과 천인의 수도 무수하고, 그들의 수명도 모두 무량할 것입니다. 가령 삼천대천세계의 중생이 모두 연각을 이루어 백천 겁 동안 모두 함께 계산하여 만약 그 수량을 알 수 있다면, 정각을 취하지 않겠습니다. (제15원 수명이 무량한 원, 제16원 성문이 무수한 원)

제가 부처를 이룰 때 시방세계의 무량한 불국토 가운데의 무수한 부처님들이 만약 다 함께 저의 이름을 칭찬하고 찬탄하며, 저의 공덕으로 이룬 국토의 좋은 점을 말하지 않는다면, 정각을 취하지 않겠습니다. (제

17원 제불이 칭찬하는 원)

　제가 부처를 이룰 때 시방의 중생이 저의 명호를 듣고 지심으로 믿고 즐거워하며, 모든 선근을 마음으로 회향하여 저의 국토에 왕생하기를 원하며 또한 만약 십념으로도 왕생하지 못한다면, 정각을 취하지 않겠습니다. 오직 오역죄를 지은 자와 정법을 비방한 자는 제외하겠습니다. (제18원 십념으로 왕생하는 원)

　제가 부처를 이룰 때 시방세계의 중생이 저의 명호를 듣고 보리심을 발하여 많은 공덕을 닦으며, 육바라밀을 받들어 행하고 굳건한 마음으로 물러나지 않을 것입니다. 그리고 선근을 회향하여 저의 국토에 왕생하기를 원하여 일심으로 저의 이름을 염하며 밤낮으로 끊어지지 않으면, 임종 시에 저는 여러 보살대중과 함께 그의 앞에 나타나 맞이할 것입니다. 그는 잠깐 사이에 저의 국토에 왕생하여 불퇴전의 보살이 될 것입니다. 이러한 원을 성취하지 못하면 정각을 취하지 않겠습니다. (제19원 명호를 듣고 발심하는 원, 제20원 임종 시 접인하는 원)

제가 부처를 이룰 때 시방세계의 중생이 저의 명호를 듣고, 저의 국토를 일심으로 생각하면서 보리심을 발하여 굳건한 마음으로 물러나지 않을 것입니다. 그가 많은 덕의 근본을 심고, 지심으로 회향하여 극락세계에 왕생하기를 원하면, 이루지 못하는 자가 없을 것입니다. 만약 숙세의 악업이 있더라도, 저의 이름을 듣고 즉시 스스로 잘못을 뉘우치고 도를 닦고 선을 행하며, 곧 경의 가르침과 계를 지니면서 저의 국토에 왕생하기를 원하면, 임종 시에 다시는 삼악도에 떨어지지 않고 즉시 저의 국토에 왕생할 것입니다. 만약 그렇지 못하면 정각을 취하지 않겠습니다. (제21원 잘못을 참회하여 왕생하는 원)

　제가 부처를 이룰 때 국토에는 여인이 없을 것입니다. 만약 어떤 여인이 저의 이름을 듣고 청정한 믿음을 얻고 보리심을 발하며, 여인의 몸을 싫어하여 저의 국토에 왕생하기를 원하면, 임종 시에 즉시 남자의 몸으로 변화하여 저의 국토에 올 것입니다. 시방세계의 모든 중생 가운데 저의 국토에 왕생하는 자는 모두 칠보 연못의 연꽃 속에 화생할 것입니다. 만약 그렇게 되지 않으면 정각을 취하지 않겠습니다. (제22원 국토에 여인이 없는 원, 제23원 여자를 싫어하면 남자로 바뀌는 원, 제24원 연꽃 속에 화생하는 원)

제가 부처를 이룰 때 시방의 중생이 저의 이름을 듣고, 믿고 즐거워하며 예배하고 귀의하여 청정한 마음으로 보살행을 닦으면, 모든 천인과 세간의 사람들이 공경하지 않는 자가 없을 것입니다. 만약 저의 이름을 들으면 그 중생은 목숨이 다한 후에 존귀한 집에 태어나고, 모든 근에 결함이 없을 것이며 항상 수승한 범행을 닦을 것입니다. 만약 그렇지 않으면 정각을 취하지 않겠습니다. (제25원 천인과 인간이 예경하는 원, 제26원 이름을 들으면 복을 얻는 원, 제27원 수승한 행을 닦는 원)

제가 부처를 이룰 때 국토 안에는 착하지 않은 이름이 없을 것입니다. 모든 중생 가운데서 저의 국토에 왕생하는 자는 모두 동일한 마음으로 정정취에 머물 것입니다. 영원히 뜨거운 번뇌를 떠나 마음이 청량함을 얻고 쾌락을 받음이 마치 누진통(漏盡通)을 얻은 비구와 같을 것입니다. 만약 상념을 일으켜 몸을 탐착한다면, 정각을 취하지 않겠습니다. (제28원 국토에 착하지 않음이 없는 원, 제29원 정정취에 머무는 원, 제30원 즐거움이 누진의 비구와 같은 원, 제31원 몸을 탐착하지 않는 원)

제가 부처를 이룰 때 저의 국토에 왕생하는 자는 선근이 무량하여 모두 금강역사인 나라연(那羅延)[22]의 견고한 몸을 얻을 것입니다. 몸의 정수리에서 모두 광명이 밝게 비치며, 일체의 지혜를 성취하고 끝없는 변재를 획득할 것입니다. 제법의 비밀하고 깊은 이치를 잘 논하며, 경전을 설하고 도를 행할 때 말이 종소리와 같을 것입니다. 만약 그렇지 않으면 정각을 취하지 않겠습니다. (제32원 무너지지 않는 몸을 얻는 원, 제33원 광명과 지혜와 변재를 얻는 원, 제34원 법의 이치를 잘 논하는 원)

제가 부처를 이룰 때 저의 국토에 왕생하는 모든 중생은 궁극에 반드시 일생보처의 보살이 될 것입니다. 그의 본원이 중생을 위하는 까닭으로 큰 서원의 갑옷을 입고 일체의 유정을 교화하려는 자는 제외할 것입니다. 그들은 모두 믿는 마음을 발하여 보리(菩提)의 행을 닦고 보현(普賢)의 도(道)²³를 행할 것입니다. 비록 타방의 세계에 나도 영원히 악도를 여읠 것이며, 혹은 법을 설하기를 좋아하거나, 법을 듣기를 좋아하거나, 신족통(神足通)을 나타내기를 좋아하더라도, 그의 뜻에 따라 수습하면 원만하지 않음이 없을 것입니다. 만약 그렇지 않으면 정각을 취하지 않겠습니다. (제35원 일생보처의 보살이 되는 원, 제36원 중생을 교화하고 뜻에 따르는 원)

제가 부처를 이룰 때 저의 국토에 왕생하는 자는 필요한 음식과 의복, 갖가지 공양구가 뜻에 따라 즉시 이르고, 원을 만족하지 않음이 없을 것입니다. 시방의 제불께서는 왕생자의 공양하려는 생각에 응하여 즉시 그 공양을 받을 것입니다. 만약 그렇지 않으면 정각을 취하지 않겠습니다. (제37원 음식과 의복이 저절로 이르는 원, 제38원 생각에 응하여 공양을 받는 원)

제가 부처를 이룰 때 국토 가운데 만물은 매우 장엄하고 청정하며 빛이 나고 아름다우며, 형상과 색상은 매우 특별하고 지극히 미묘하여 말로 표현하거나 헤아릴 수 없을 것입니다. 모든 중생이 비록 천안통을 갖추

佛說大乘無量壽莊嚴淸淨平等覺經

었을지라도, 그 형색과 광명의 모습과 이름과 수량을 판별할 수 있거나 전체가 어떠하다고 말할 수 있는 것이라면, 정각을 취하지 않겠습니다. (제39원 장엄이 무진한 원)

제가 부처를 이룰 때 국토 안에는 아름다운 색깔이 있는 보배나무가 무량하며, 그 높이가 혹은 백천 유순이나 높으며, 도량의 보리수나무는 높이가 4백만 리나 될 것입니다. 모든 보살 가운데 비록 선근이 열등한 자가 있을지라도 또한 깨달아 알 수 있을 것입니다. 모든 부처의 청정한 국토의 장엄을 보고자 하면, 모두 보배나무 사이에서 볼 수 있으며, 마치 밝은 거울에서 그 영상을 보는 것과 같을 것입니다. 만약 그렇지 않으면 정각을 취하지 않겠습니다. (제40원 아름다운 색의 보배나무가 무량한 원, 제41원 보배나무 사이에 불국토가 나타나는 원)

제가 부처를 이룰 때 거주하는 불국토는 넓고 광대하며 장엄하고 청정하며, 광명이 밝게 비치는 것은 마치 거울과 같이 시방의 무량하고 무수한 불가사의한 제불의 세계를 투명하게 비출 것입니다. 그 광경을 보는 중생은 희유하다는 마음을 낼 것입니다. 만약 그렇지 않으면 정각을 취하지 않겠습니다. (제42원 시방을 투명하게 비추는 원)

제가 부처를 이룰 때 아래로는 땅의 끝에서부터 위로는 허공에 이르기까지 궁전, 누각, 연못과 흐르는 물, 꽃과 나무 등 국토의 모든 만물은 무량한 보배향기가 더해질 것입니다. 그 향기는 시방세계에 널리 퍼질 것이며, 그 향기를 맡는 중생은 모두 부처의 행을 닦을 것입니다. 만약 그렇지 않으면 정각을 취하지 않겠습니다. (제43원 보배향기가 널리 퍼지는 원)

제가 부처를 이룰 때 시방세계 불국토의 모든 보살 대중이 저의 이름을 듣고 모두 청정삼매(淸淨三昧), 해탈삼매(解脫三昧), 보등삼매(普等三昧)[24]를 얻게 될 것입니다. 그리하여 갖가지 깊은 총지(總持)를 얻어 삼매에 머물며, 나아가 부처를 이룰 것입니다. 선정 가운데서 항상 무량무변의 일체 제불을 공양하면서도 선정의 마음을 잃지 않을 것입니다. 만약 그렇지 않으면 정각을 취하지 않겠습니다. (제44원 보등삼매를 얻는 원, 제45원 선정 중

에 부처를 공양하는 원)

　제가 부처를 이룰 때 타방세계의 모든 보살대중 가운데 저의 이름을 듣는 자는 생사를 벗어나는 법을 증득하고, 다라니를 얻을 것입니다. 청정하고 즐거워 평등주(平等住)[25]를 얻으며, 보살행을 닦아 자연히 공덕의 근본을 구족할 것입니다. 즉시 첫 번째, 두 번째, 세 번째의 인(忍)[26]을 얻지 못하거나, 모든 불법에서 불퇴전을 현재 증득할 수 없으면, 정각을 취하지 않겠습니다.”(제46원 다라니를 얻는 원, 제47원 이름을 듣고 인(忍)을 얻는 원, 제48원 현재 불퇴전을 증득하는 원)

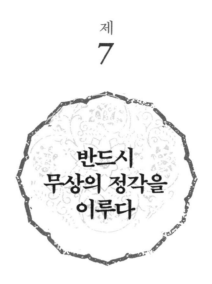

제
7

반드시
무상의 정각을
이루다

◉

佛說大乘無量壽莊嚴淸淨平等覺經

부처님께서 아난에게 말씀하셨다.

"이때 법장 비구는 이러한 원을 설하고 나서 게송으로 말하였다."

저는 세간을 초월하는 뜻을 세워

반드시 무상의 도에 이르오리다.

이 원이 원만하게 충족되지 않으면

정각을 이루지 않을 것을 서원하옵니다.

또한 중생의 큰 시주가 되어
모든 궁핍한 괴로움을 널리 구제하여
저 모든 중생으로 하여금
긴 밤 동안 걱정과 고뇌 없게 하고

많은 선근을 쌓아
깨달음의 과를 성취하여
제가 만약 정각을 이루면
무량수의 이름을 세우오리다.

중생이 그 명호를 들으면
저의 국토에 함께 올 것이며
부처님의 금색 몸과 같이
묘한 상호 모두 원만하고

또한 대비심으로
모든 중생을 이롭게 하며
욕심을 떠나 깊은 정념(正念)과

청정한 지혜로 범행을 닦으오리다.

원하오니, 저의 지혜의 광명이
시방세계에 널리 비치어
탐진치 세 가지의 어두움을 소멸하고
중생의 액난을 밝게 구제하며

모두 삼악도의 괴로움을 버리고
모든 번뇌의 어둠을 소멸하여
저들이 본래 갖춘 지혜의 눈을 열고
광명의 몸을 얻으오리다.

모든 악도의 문을 막고
선도의 문을 활짝 열며
중생을 위하여 법장을 열어
공덕의 보배를 널리 보시하오리다.

부처님의 자재하고 걸림 없는 지혜와

부처님의 행하시는 자비행과 같아져서
항상 천상과 인간의 스승이 되어
삼계의 큰 영웅이 되오리다.

사자후로 법을 설하여
모든 유정을 널리 제도하며
이전에 발한 소원을 원만히 성취하여
일체중생이 모두 성불하게 하오리다.

이러한 원을 만약 원만히 성취하면
삼천대천세계가 응당 감동할 것이며
허공의 모든 천신은
마땅히 보배의 묘한 꽃비를 내리오리다.

부처님께서는 아난에게 말씀하셨다.
"법장 비구가 이 게송을 설하자, 즉시 대지가 여섯
가지로 두루 진동하고, 하늘에서 묘한 꽃이 그 위에 내
리고 저절로 음악이 울리며, '결정코 반드시 무상의 정

각을 이룰 것이다'라고 공중에서 찬탄하는 말이 들렸
느니라."

제

8

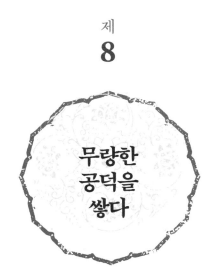

무량한
공덕을
쌓다

◉

"아난이여, 법장 비구는 세자재왕여래의 앞과 모든
천인과 사람의 대중 가운데서 이러한 큰 서원을 발하였
느니라. 그는 진실한 지혜에 머물러 용맹정진하고 일심
으로 뜻을 전일하게 하여 미묘한 국토를 장엄하였느니
라. 그가 육도만행의 보살도를 수행하여 이룬 불국토는
허공처럼 광활하고 광대하며, 모든 불국토보다 뛰어나
고 비할 데 없이 미묘하였느니라. 그 국토가 건립된 이
후로 항상 그러하여 쇠하거나 변하지 않았느니라.

무량겁 동안에 덕행을 쌓고 심었으며, 탐·진·치와

욕망과 모든 망상을 일으키지 않고, 색·성·향·미·촉·법에 탐착하지 않았느니라. 오직 과거의 모든 부처님께서 닦은 선근을 즐거이 억념하였느니라. 적정행(寂靜行)²⁷을 수행하여 허망함을 멀리 떠나고, 진제의 문(眞諦門)²⁸을 의지하여 많은 덕의 근본을 심었느니라.

갖가지 괴로움을 피하지 않고 욕망을 적게 하고 만족함을 알았으며, 오로지 선한 법을 구하여 여러 중생을 이롭게 하였느니라. 대원을 닦는 데 피곤함이 없고 참음의 힘(忍力)²⁹을 성취하였으며, 모든 유정의 중생들에게 항상 자비심와 인내심을 품고, 얼굴을 밝게 하고 부드러운 말을 하며, 가르침을 권유하고 나아가기를 격려하였느니라. 삼보를 공경하고 스승과 어른을 받들어 섬기며, 거짓과 아첨하는 마음이 없었느니라.

육도만행의 모든 행으로 복과 지혜를 구족하여 만세의 모범이 되었으며, 일체의 법이 환상과 같음을 관하고, 항상 적멸한 삼매(常寂三昧)³⁰에 머물렀느니라. 구업(口業)을 잘 보호하여 타인의 허물을 비방하지 않고, 신업(身業)을 잘 보호하여 율의를 잃지 않으며, 의업(意

業)을 잘 보호하여 청정하여 오염되지 않았느니라. 모든 나라와 성과 취락, 권속과 진기한 보물에 모두 집착하지 않고, 항상 보시, 지계, 인욕, 정진, 선정, 지혜의 육바라밀 행으로 중생을 교화하여 편안하게 바른 도에 안주하게 하고 보리심을 발하게 하여 무상의 진정한 도에 머물게 하였느니라.

이와 같은 모든 선근을 성취한 까닭으로 태어나는 곳마다 무량의 보배창고가 자연히 나타나고 응하였느니라. 혹은 장자나 거사, 대가문의 사람이나 존귀한 사람이 되거나, 혹은 왕가의 귀족이나 국왕, 전륜성왕이 되거나, 혹은 여섯 천상의 천주(天主)가 되거나 또는 범천의 왕이 되었느니라. 또한 모든 부처님 계신 곳에서 존중하고 공양하기를 일찍이 중단한 적이 없었으며, 이와 같은 공덕은 말로는 다할 수 없느니라.

몸과 입에서 항상 무량한 미묘한 향기가 나왔으며, 마치 전단향과 청련화의 향기와 같았으며, 그 향기는 무량한 세계에 널리 퍼졌느니라. 태어나는 곳마다 그 모습이 단엄하여 삼십이상과 팔십종호를 모두 구족하였으며, 손에서는 항상 다함이 없는 보배와 장엄할 도구와 일체의 필요한 최상의 물건이 나와 유정의 중생을 이롭고 즐겁게 하였느니라. 이러한 공덕을 쌓은 인연으로 무량한 중생들로 하여금 모두 무상정등정각의 보리심을 발하게 하였느니라."

제

9

법장 비구의
원만성취

◉

부처님께서 아난에게 말씀하셨다.

"법장 비구가 보살행을 닦으면서 쌓은 공덕이 무량
하고 무변하였으며, 일체의 법에서 자재함을 얻었느
니라. 이것은 언어로 분별하여 알 수 있는 것이 아니니
라. 발한 서원을 원만히 성취하여 여실하게 편안히 머
물렀으며,[31] 장엄을 구족하고 위덕이 광대하며, 청정한
불국토를 성취하였느니라."

아난은 부처님께서 하시는 말씀을 듣고 부처님께
아뢰었다.

불설대승무량수장엄청정평등각경

"법장보살로서 깨달음을 이룬 부처님은 과거불입니까, 미래불입니까, 지금 현재 타방세계에 계십니까?"

세존께서 말씀하셨다.

"저 부처님·여래는 오는 곳이 없는 곳으로부터 오고, 가는 곳이 없는 곳으로 가며, 생하지도 않고 멸하지도 않으며, 과거·현재·미래가 아니니라. 단지 원에 따라 중생을 제도할 뿐이니라. 지금 이 염부제로부터 서방으로 백천 구지 나유타의 불국토를 지나면 한 세계가 있는데, 극락(極樂)이라고 이름하느니라. 법장 보살은 성불하여 아미타불(阿彌陀佛)이라고 불리며, 성불한 지는 지금으로부터 10겁이 되었느니라. 지금 현재 법을 설하고 계시며, 무량하고 무수한 보살과 성문의 대중들이 주위를 둘러싸고 공경스럽게 법을 듣고 있느니라."

제
10

아미타불과 같이 되기를 발원하다

◦

부처님께서 아미타불이 보살이 되어 발하신 큰 서원을 성취하기를 구하던 일에 관하여 말씀하실 때 아사세 왕자와 오백 명의 대장자들은 그러한 일을 듣고 모두 크게 기뻐하였다. 그들은 각자 금으로 꾸민 화개(華蓋) 하나를 가지고 함께 부처님 앞에 이르러 절을 하고, 화개를 부처님께 올린 후 물러나 한쪽에 앉아 법문을 들었다. 그들은 마음속으로 발원하기를 '저희들이 부처가 될 때 모두 아미타불과 같아지게 하소서'라고 하였다.

부처님께서는 즉시 그것을 아시고 모든 비구들에게

말씀하셨다.

"이 왕자와 대장자들은 미래에 마땅히 부처가 될 것이니라. 그들은 전생에 줄곧 보살행을 닦고 보살도에 머물면서 무수한 겁 동안 400억의 부처님을 공양하였느니라. 가섭불이 세상에 머무실 때 그들은 나의 제자가 되었으며, 지금 나에게 공양하면서 다시 서로 만나게 되었느니라."

그때 모든 비구들은 부처님의 말씀을 듣고 그들을 대신하여 기뻐하지 않는 사람이 없었다.

제
11

극락세계의 공덕과 장엄

◉

부처님께서 아난에게 말씀하셨다.

"저 극락세계는 공덕이 무량하고 장엄을 구족하여 갖가지 고통과 어려움, 악도, 마의 괴롭힘이 영원히 없으며, 또한 사계절과 춥고 더움, 비가 오거나 흐린 날이 없으며, 또한 크고 작은 강과 바다, 구릉과 구덩이, 가시나무와 모래, 철위산과 수미산, 토석 등과 산이 없느니라. 오직 칠보와 황금으로 된 땅이 자연히 이루어져 있으며, 넓고 평평하고 바르며, 한계를 지을 수 없이 광대무변하느니라. 미묘하고 기이하게 아름다우며,

청정하고 장엄하며, 시방의 일체 세계보다 뛰어나느니라."

아난은 다 듣고 나서 세존에게 여쭈었다.

"만약 저 국토에 수미산이 없으면, 사천왕천과 도리천은 무엇을 의지하여 머뭅니까?"

부처님께서 아난에게 말씀하셨다.

"야마천과 도솔천, 혹은 색계와 무색계 등 모든 천상세계는 무엇을 의지하여 머무느냐?"

아난이 아뢰었다.

"불가사의한 업력으로 인하여 조성된 것입니다."

부처님께서 아난에게 말씀하셨다.

"불가사의한 업을 그대는 알 수 있느냐? 그대 몸의 과보도 불가사의하며, 중생의 업보도 또한 불가사의하느니라. 중생의 선근도 불가사의하고, 모든 부처님의 성스러운 힘과 제불의 세계도 불가사의하느니라. 극락국토에 왕생하는 중생은 공덕과 선을 닦아 얻은 힘으로 인하여 아미타불의 큰 행원과 큰 업으로 성취한 땅에 머물며, 아울러 아미타불의 위신력으로 머무느니

라. 그러한 까닭으로 극락의 국토는 수미산을 의지하
지 않고 머물 수 있느니라."

아난이 아뢰었다.

"극락세계의 수승한 업의 원인과 과보는 불가사의
하며, 저는 그러한 법에 대하여 진실로 의혹하는 바가
없으나, 단지 장래의 중생을 위하여 의심의 그물을 타
파하기 위한 까닭으로 이러한 질문을 하였나이다."

제
12

무량수불의
광명

◉

부처님께서 아난에게 말씀하셨다.

"아미타불의 위신력과 광명은 가장 존귀하고 제일
로서 시방의 모든 부처님이 미치지 못하느니라. 동방
의 항하사와 같이 많은 불국토를 두루 비추며, 남방·서
방·북방과 사유(四維)[32]와 상방·하방으로 비추는 것도
또한 이와 같으니라. 변화하여 나타난 정수리의 둥근
광명은 1유순, 2유순, 3유순이나 4유순을 비추거나, 혹
은 백천만 억 유순을 비추느니라.

제불의 광명은 하나나 둘의 불국토를 비추거나, 혹

은 백천 불국토를 비추는데, 오직 아미타불의 광명은 무량하고 무변하며 무수한 불국토를 두루 비추느니라. 제불의 광명이 비추는 것이 멀고 가까운 것은 본래 그 전생에 도를 구할 때 발한 원과 닦은 공덕의 크고 작음이 같지 않기 때문이니라.

부처를 이룰 때 각자 그러한 것을 자연적으로 얻게 되는 것이지, 스스로 미리 예측하여 만드는 것이 아니니라. 아미타불의 광명이 뛰어난 것은 해와 달의 광명보다 천억만 배나 수승하여 광명 가운데 지극히 존귀하고, 부처 가운데 왕(王)이니라.

그러므로 무량수불(無量壽佛)이라고 하며, 또한 무량광불(無量光佛)이라고 이름하며, 무변광불(無邊光佛), 무애광불(無礙光佛), 무등광불(無等光佛)이라고도 이름하며, 또한 지혜광(智慧光), 상조광(常照光), 청정광(淸淨光), 환희광(歡喜光), 해탈광(解脫光), 안온광(安穩光), 초일월광(超日月光), 부사의광(不思議光)이라고도 이름하느니라.

이와 같은 광명은 시방의 일체 세계를 두루 비추며, 시방세계의 어떤 중생이라도 이 광명을 만나는 자는 탐·진·치의 번뇌가 소멸되고 선근이 생하며, 몸과 마음이 유연해지느니라. 만약 삼악도의 지극한 고통에 처한 중생이 이 광명을 보면, 모두 고통이 쉬어지고 수명이 다하면 모두 해탈을 얻느니라.

만약 어떤 중생이 이 광명의 위신과 공덕을 듣고, 아침저녁으로 찬탄하며 지극한 마음이 끊어지지 않으면, 마음이 원하는 바를 따라 극락세계에 왕생하게 되느니라."

제
13

무량수불의
수명과
대중의 수량은
무량하다

◉

부처님께서 아난에게 말씀하셨다.

"무량수불의 수명은 장구하여 말할 수도 없고 계산할 수도 없느니라. 또한 무수한 성문 대중들이 있는데, 이들은 모두 신통과 지혜가 통달하고 위력은 자재하여 손바닥 안에 일체의 세계를 능히 잡을 수 있느니라.

나의 제자 가운데 대목건련은 신통이 제일이며, 삼천대천세계 일체의 별과 중생을 하루 밤낮 동안에 모두 그 수량을 알 수 있느니라. 가령 시방세계의 중생이 모두 연각을 이루고, 하나하나의 연각의 수명이 만억

세이며, 신통이 모두 대목건련과 같다고 한다면, 그들의 수명을 다하고 그들의 지혜의 힘을 다하여 모두 함께 헤아려도, 저 부처님 세계의 성문의 숫자에는 천만 분의 일에도 미치지 못하느니라.

비유하면 깊고 넓으며 무변한 큰 바다가 있는데, 털 한 가닥을 백 조각으로 나누어 먼지와 같은 가루로 만들어서 바닷물 한 방울을 적신다면, 이 털 먼지 한 조각에 묻은 물과 바닷물을 비교하면 어느 것이 더 많겠느냐?

아난이여, 저 목건련 등이 아는 숫자는 털 먼지에 묻은 물과 같으며, 알지 못하는 것은 큰 바다의 바닷물과 같으니라. 저 부처님의 수명과 모든 보살, 성문, 천인의 수명도 이와 같아서, 계산이나 비유로 알 수 있는 것이 아니니라."

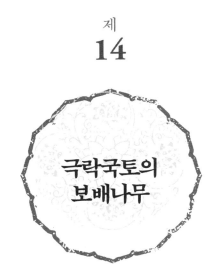

제
14

극락국토의 보배나무

"저 아미타여래의 국토에는 보배나무가 많은데, 순금의 나무, 순백은의 나무, 유리의 나무, 수정의 나무, 호박의 나무, 아름다운 옥의 나무, 마노의 나무가 있으며, 오직 하나의 보배로 이루어지고 다른 보배는 섞이지 않았느니라.

혹은 두 개의 보배, 세 개의 보배, 또는 일곱 개의 보배가 함께 이루어지기도 하였느니라. 혹은 뿌리와 줄기와 가지는 이런 보배로 이루어지고, 꽃과 잎과 과실은 다른 보배로 변화하여 이루어지기도 하였느니라.

혹은 어떤 보배나무는 황금으로 뿌리가 되고 백은으로 줄기가 되며, 유리로 가지가 되고 수정으로 나뭇가지의 끝이 되며, 호박으로 잎이 되고 아름다운 옥으로 꽃이 되며, 마노로 열매가 되기도 하였느니라. 또한 그밖의 다른 나무는 칠보가 서로 뿌리, 줄기, 가지, 잎, 꽃, 열매가 되어 갖가지로 함께 이루어지기도 하였느니라.

각각의 나무는 서로 줄을 지어 줄마다 서로 만나고, 줄기는 서로 바라보고 가지와 잎은 서로 향하며, 꽃과 열매는 서로 마주하고 있으며, 무성한 색깔은 밝게 빛나 다 볼 수 없을 정도이니라. 맑은 바람이 때때로 불면 다섯 가지 소리[五音][33]가 나오고, 미묘한 다섯 가지 소리는 자연히 서로 조화로우니라. 이러한 많은 보배나무가 그 국토에 두루 하니라."

佛說大乘無量壽莊嚴清淨平等覺經

제
15

극락세계의
보리도량
(菩提道場)

"또한 그 도량에 보리수나무가 있는데, 높이가 4백만 리며, 그 나무의 둘레는 5천 유순이고, 줄기와 잎은 사방으로 20만 리나 펼쳐져 있느니라. 모든 갖가지 보배로 자연히 함께 이루어져 꽃과 열매가 번성하고 광명이 두루 비치고 있느니라. 그리고 붉은색, 녹색, 푸른색, 흰색의 온갖 보배구슬은 모든 보배의 왕으로서 영락이 되어 나무에 걸려 있느니라. 구름이 모여 보배사슬이 되어 모든 보배 줄기를 장식하였으며, 금구슬로 된 방울이 사이사이에 달리고, 진기하고 미묘한 보배그물이 그 위를 덮고 있느니라. 백천만 가지 빛깔이 서로 비춰 꾸미고, 무량한 광명이 끝없이 비치며, 모든 장엄이 생각에 따라 나타나느니라.

미풍이 서서히 불어와 모든 가지와 잎이 흔들리면 무량한 묘법의 음성을 연출하고, 그 소리가 모든 불국토에 두루 퍼지느니라. 그 소리는 맑고 투철하며, 애절하게 울리고,[34] 미묘하며 조화롭고 청아하여 시방세계 음성 가운데 가장 제일이니라.

만약 어떤 중생이 보리수나무를 보거나, 그 소리를 듣거나, 향기를 맡거나, 열매의 맛을 보거나, 나무의 광명이 몸에 닿거나, 나무의 공덕을 생각하면, 모두 육근의 청정과 명철(明徹)함을 얻게 되느니라. 그리하여 모든 번뇌와 근심이 없어지고, 불퇴전의 보살에 머물며, 불도를 이루게 되느니라. 그리고 저 보리수나무를 보는 까닭으로 세 종류의 인을 얻게 되느니라. 첫째는 음향인(音響忍)이며, 둘째는 유순인(柔順忍)이며, 셋째는 무생법인(無生法忍)이니라."

부처님께서 아난에게 말씀하셨다.

"이와 같은 불국토의 꽃과 열매와 수목은 모든 중생과 더불어 불사를 짓느니라. 이것은 모두 무량수불의 위신력 때문이며, 본원력 때문이며, 원을 만족시키려는 까닭이며, 명료하고 견고한 궁극의 원 때문이니라."

제

16

극락세계의 건물과 대중의 수행

●

"또 무량수불의 국토에는 법을 설하는 강당과 수행하는 정사(精舍), 집과 누각, 난간도 모두 칠보로 자연히 이루어졌느니라. 또한 흰 마니 구슬로 그물을 엮어 밝고 미묘하기가 비할 데 없으며, 보살 대중들이 거주하는 궁전도 이와 같으니라.

그 가운데는 땅에서 경을 강의하거나 경을 독송하는 자가 있으며, 땅에서 경의 가르침을 받거나 경을 듣는 자가 있으며, 땅에서 경행하거나 도를 사유하며 좌선하는 자가 있느니라. 그리고 허공에서 경을 강의하

佛說大乘無量壽莊嚴淸淨平等覺經

거나 독송하는 자가 있으며, 경의 가르침을 받거나 경을 듣는 자가 있으며, 경행하거나 도를 사유하며 좌선하는 자가 있느니라.

그들 중에서 혹은 수다원을 얻고, 사다함을 얻고, 혹은 아나함, 아라한을 얻으며, 불퇴전의 지위를 얻지 못한 자는 불퇴전의 지위를 얻느니라. 각자 스스로 도를 사유하고 도를 설하며 도를 행하면서 즐거워하지 않는 자가 없느니라."

제

17

칠보연못의
수승한 공덕

●

"그리고 그 강당의 좌우에 샘과 연못이 교차하여 흐르고 있으며, 길고 넓고 깊고 얕은 것이 모두 각각 다르니라. 10유순 혹은 20유순이거나, 또는 백천 유순에 이르는 것도 있느니라. 그 연못은 맑고 향기롭고 깨끗하며, 여덟 가지 공덕[35]을 갖추고 있느니라.

언덕 위에는 무수한 전단향 나무와 길상과 나무가 있는데, 꽃과 열매가 영원히 향기를 내고 있으며, 광명이 밝게 비치느니라. 길게 자란 가지에 무성한 잎이 서로 엇갈려 연못을 덮고 있으며, 갖가지 향기가 나는데,

세상의 그 무엇과도 비교할 수 없느니라. 바람을 따라 향기가 흩어지고, 물을 따라 향기가 흐르느니라. 또한 연못은 칠보로 장식되어 있으며, 바닥에는 금모래가 깔려 있느니라. 연못물 위에는 청련화, 홍련화, 황련화, 백련화 등 여러 꽃이 있으며, 온갖 색이 빛나며 무성하게 물위를 가득 덮고 있느니라.

만약 저 중생들이 그 물에 들어가 목욕을 하려고 하면서, 발을 담그려고 하거나, 무릎까지 담그려고 하거나, 허리나 겨드랑이까지 담그려고 하거나, 목까지 담그려고 하거나, 혹은 온몸을 씻으려고 하거나, 차가운 물을 원하거나 따뜻한 물을 원하거나, 급하게 흐르는 물을 원하거나 천천히 흐르는 물을 원한다면, 그 물은 하나하나 중생의 뜻을 따라 느끼게 하느니라. 그 물은 정신을 열고 몸을 편안하게 하고, 청정함이 마치 형상이 없는 듯하며, 바닥의 보배 모래가 투명하게 보이며, 아무리 깊어도 비추지 않는 곳이 없느니라.

잔잔한 물결은 서서히 돌고 돌아 서로 흘러 들어가며, 무량하고 미묘한 음성을 불러일으키느니라. 불(佛)·

법(法)·승(僧)의 소리, 바라밀의 소리, 호흡이 멈춘 고요한 선정의 소리, 생함도 없고 멸함도 없는 적멸의 소리, 십력(十力)과 네 가지 무외[四無畏]의 소리가 들리며, 혹은 자성이 없고[無性] 조작함이 없고[無作] '나'가 없는[無我] 소리, 자(慈)·비(悲)·희(喜)·사(捨) 사무량심의 소리, 감로로 관정하여 과위(果位)[36]를 받는 소리가 들리느니라.

이와 같은 갖가지 소리를 들으면 그 중생의 마음이 청정해져서 모든 분별심이 없어지고, 정직하고 평등한 마음[37]을 갖게 되며, 선근을 성숙시켜 들리는 소리에 따라 법과 상응하게 되느니라. 미묘한 음성을 듣기 원하는 자는 문득 홀로 그 소리를 들으며, 듣지 않으려면 조금도 들리지 않으며, 영원히 무상정등정각의 마음에서 물러나지 않느니라.

시방의 세계에서 왕생하는 모든 중생은 칠보로 된 연못의 연꽃 가운데 자연히 화생(化生)하며, 모두 청정하고 텅 빈 몸과 끝이 없는 몸을 받느니라. 그들은 삼악도의 악한 번뇌와 고난의 이름을 듣지 않으니, 거짓으로 만든 것도 없는데, 하물며 괴로움이 실제로 있겠

느냐? 오직 즐거움의 소리만 자연히 있으므로 저 국토
를 극락이라고 이름하느니라."

제
18

극락국토는
시방세계를
초월한다

●

"저 극락국토 모든 중생의 용모와 형색은 미묘하여 세상을 뛰어넘어 희유하느니라. 모두 동일한 종류로서 차별이 없는 모습이나 그 지방의 풍속을 따르므로 천인의 이름이 있는 것이니라."

부처님께서 아난에게 말씀하셨다.

"비유하면 세간의 빈궁하고 괴로운 걸인이 제왕의 곁에 있는 것과 같으니, 그 용모와 형상을 어찌 비교할 수 있겠느냐? 만약 제왕을 전륜성왕과 비교하면 그 비루함이 마치 저 걸인이 제왕의 곁에 있는 것과 같으니

라. 전륜성왕의 위엄스런 모습은 인간세상에서 제일이나 그를 도리천왕과 비교하면 또한 추하고 열등한 모습이니라. 가령 제석천왕을 욕계 여섯 번째의 타화자재천왕과 비교한다면 백천 배나 서로 다를 것이니라. 여섯 번째의 타화자재천왕을 만약 극락국토 가운데의 보살, 성문과 비교한다면, 빛나는 얼굴과 모습은 비록 만억 배라도 미치지 못할 것이니라.

거처하는 궁전과 의복, 음식은 타화자재천왕의 것과 같으나, 위덕(威德)과 지위와 신통변화에 관하여는 모든 천인들과는 비교할 수 없으며, 백천만억 배나 수승하여 계산할 수 없을 정도이니라. 아난은 마땅히 알아야 하느니라. 무량수불의 극락국토는 이와 같은 공덕과 장엄이 불가사의하느니라."

제
19

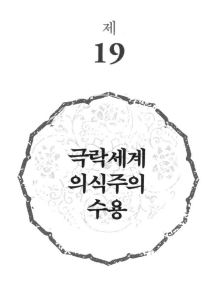

극락세계
의식주의
수용

◉

佛說大乘無量壽莊嚴淸淨平等覺經

"그리고 극락세계의 모든 중생 가운데 이미 왕생하였거나, 지금 왕생하거나 미래에 왕생할 모든 중생은 이와 같은 묘한 색신을 얻게 되느니라. 형상과 용모는 단엄하고 복덕은 무량하며, 지혜는 밝게 깨달아 명료하고 신통은 자재하느니라. 수용하는 갖가지는 일체가 풍족하느니라. 궁전과 옷, 장신구, 향과 꽃, 당번(幢幡)과 산개(傘蓋) 등 장엄하는 도구는 뜻에 따라 갖춰지며 모두 생각하는 대로 이루어지느니라.

만약 식사를 하고 싶을 때는 칠보로 된 발우가 자연

히 앞에 나타나고, 수많은 맛의 음식은 저절로 그릇에 가득 차게 되느니라. 비록 그러한 음식이 있어도 실제로 먹는 자는 없느니라. 단지 색을 보고 향기를 맡아서 뜻으로 식사를 하며,[38] 색신의 힘이 증장되나 대소변의 더러움은 없느니라. 몸과 마음이 유연하여 맛에 집착하는 것이 없으며, 식사가 끝나면 그것들은 변화하여 없어져버리고, 때가 이르면 다시 나타나느니라.

그리고 많은 보배로 만든 미묘한 옷과 관대와 영락[39]이 있으며, 무량의 광명과 백천 가지의 묘한 색깔을 구족하고 있으며, 자연히 몸에 걸쳐지느니라. 거주하는 사택은 그의 형색에 따라 잘 어울리고, 보배의 그물이 가득 덮고 있으며, 많은 보배방울이 달려 있느니라. 기묘하고 진기한 보배로 두루 장식하여 광채가 빛나고 지극히 아름다우니라. 누각과 난간과 당우와 건물은 넓고 좁거나 네모지거나 둥글며, 혹은 크거나 작으며, 혹은 허공에 있거나 평지에 있느니라. 청정하고 안온하며 미묘하고 즐거우며, 생각에 응하여 현전하고 구족하지 않은 것이 없느니라."

제
20

덕의 바람이 불고
꽃비가 내리다

◉

"극락국토에서는 식사 시간마다 자연적으로 덕의 바람이 서서히 일어나 모든 보배그물과 많은 보배나무에 불며, 미묘한 음이 나와서 고와 공, 무상과 무아, 모든 바라밀을 연설하느니라. 만 가지의 온화하고 은은한 덕의 향기가 흘러나오며, 그 향을 맡는 자는 망상과 번뇌와 습기가 자연히 일어나지 않느니라. 덕의 바람이 그의 몸에 닿으면 마치 멸진정(滅盡定)[40]을 얻은 비구와 같이 편안하고 조화로우니라.

다시 덕의 바람이 칠보 숲의 나무에 불면 바람에 날

리는 꽃이 무더기를 이루어 갖가지 색의 빛이 불국토에 두루 가득 차느니라. 색의 순서에 따라 어지럽지 않게 섞이고, 마치 면화와 같이 부드러우며 밝고 깨끗하느니라. 그 위를 발로 밟으면 손가락 네 개의 깊이로 들어갔다가 발을 들면 다시 처음과 같이 되느니라. 식사 시간이 지난 후에는 그 꽃은 저절로 없어지고, 대지는 청정하며 다시 새로운 꽃비가 내리느니라. 일정한 시간이 지나면 다시 주변이 전과 다름없이 회복되며, 이와 같이 여섯 번 반복되느니라.”

제

21

보배 연꽃에서 광명과 부처가 나오다

◉

佛說大乘無量壽莊嚴淸淨平等覺經

"그리고 많은 보배연꽃이 극락세계에 두루 가득한데, 하나하나의 보배연꽃에는 백천억의 잎이 있으며, 그 꽃의 광명은 무량한 종류의 색으로 이루어졌느니라. 푸른색의 연꽃은 푸른빛을 발하고, 흰색은 흰빛을 발하며, 검은색·노란색·붉은색·자주색의 연꽃도 모두 그러한 빛을 발하느니라. 또한 무량의 미묘한 보배와 백천의 마니주는 진기하게 서로 비치면서 장식하고, 해와 달을 밝게 비추느니라.

저 연꽃의 크기는 혹은 반 유순, 혹은 1유순, 2유순,

3유순, 4유순이나 백천 유순이며, 하나하나의 연꽃 가운데서 삼십육[41] 백천억의 광명이 빛나고, 하나하나의 광명 속에서 삼십육 백천억의 부처님이 출현하시느니라.

부처님 몸의 색은 자금빛이며 상호가 매우 특별하고, 하나하나의 모든 부처님은 또 백천의 광명을 발하며, 널리 시방세계를 위하여 미묘한 법을 설하시느니라. 이와 같은 모든 부처님은 각각 무량의 중생을 부처의 바른 도에 편안히 세우시느니라."

제
22

왕생자는 반드시
부처의 과위를
증득한다

◉

佛說大乘無量壽莊嚴淸淨平等覺經

"그리고 아난이여, 저 부처님의 국토에는 어두운 불빛, 해와 달, 별빛, 낮과 밤의 모습이 없으며, 또한 세월과 겁수의 이름도 없느니라. 그리고 집에 머물거나 집착하는 것이 없으며, 모든 곳에 표식과 이름이 없고, 또한 취하고 버림과 분별이 없으며, 오직 청정한 최상의 즐거움만 받느니라.

만약 어떤 선남자와 선여인 가운데 이미 극락세계에 왕생하였거나 미래에 왕생할 사람은 모두 정정취(正定聚)[42]에 머물며, 반드시 무상정등정각을 증득할 것이니라. 무엇 때문이겠느냐? 만약 사정취(邪定聚)와 부정취(不定聚)[43]에 있는 사람이라면, 그러한 왕생의 원인[44]을 깨달아 알아서 만들 수 없기 때문이니라.”

제
23

시방제불의
찬탄

◉

佛說大乘無量壽莊嚴淸淨平等覺經

"그리고 아난이여, 동방으로 항하의 모래와 같이 수많은 세계가 있는데, 그 하나하나의 세계 가운데에는 항하의 모래와 같이 많은 부처님께서 계시며, 각각 넓고 긴 혀[45]로 한량없는 광명을 놓아 정성스럽고 진실한 말씀으로 무량수불의 불가사의한 공덕을 칭찬하시느니라.

남방, 서방, 북방의 항하의 모래와 같이 수많은 세계의 모든 부처님께서도 이와 같이 칭찬하시며, 사유(四維)와 상방·하방의 항하의 모래와 같이 많은 세계의 부처님께서도 이와 같이 칭찬하시느니라.

이것은 무엇 때문이겠느냐? 타방의 모든 중생들이 무량수불의 명호를 듣고 청정심을 발하여 무량수불의 공덕을 억념하고 부처님의 명호를 수지하며, 귀의하고 공양하게 하기 위함이니라. 또한 일념의 청정한 믿음을 발하고 모든 선근을 지심으로 회향하여 극락세계에 왕생하기를 원하면, 원에 따라 모두 왕생하여 불퇴전의 보살 지위를 얻거나, 또는 무상정등정각을 얻게 하려는 것이니라."

제
24

극락세계의
삼배(三輩) 왕생

◉

부처님께서 아난에게 말씀하셨다.

"시방세계의 모든 천인과 인간 가운데 지심으로 극락세계에 왕생하기를 원하는 자에는 무릇 세 부류가 있느니라.

상배(上輩) 왕생자는 집을 떠나 욕망을 버리고 사문이 되어 보리심을 발하고, 일심으로 마음을 집중하여 아미타불을 염하며, 여러 공덕을 닦아서 저 국토에 왕생하기를 원하는 자이니라. 이들 중생은 임종 시에 아미타불께서 여러 성중과 더불어 그의 앞에 나타나며,

저 부처님을 따라 잠깐 사이에 극락국토에 왕생하느니라. 그는 곧 칠보 연꽃 속에서 자연히 화생하며, 지혜가 용맹하고 신통이 자재하느니라. 그러므로 아난이여, 그 중생 가운데 금생에 아미타불을 뵈려고 하는 자는 마땅히 무상의 보리심을 발해야 하며, 또한 오로지 극락국토를 생각하고 선근을 쌓아 회향하여야 하느니라. 그리하여 부처님을 뵙고 저 국토에 왕생하여 불퇴전의 보살지위를 얻거나, 또는 무상의 깨달음을 얻게 되느니라.

중배(中輩) 왕생자는 비록 사문이 되어 공덕을 크게 닦을 수 없지만, 마땅히 무상의 보리심을 발하여 일심으로 마음을 집중하여 아미타불을 염하는 자이니라. 자기의 능력에 따라 모든 선과 공덕을 닦으며, 재계를 받들어 지니고, 불탑과 불상을 건립하며, 사문에게 음식을 공양하고, 비단으로 당번을 만들어 달고 등불을 켜며, 꽃을 뿌리고 향을 사르며, 그러한 공덕을 회향하여 저 극락국토에 왕생하기를 원하느니라. 그 사람의 임종 시에 아미타불께서는 화신으로 나타나며, 광명과 상호는 진짜의 부처님과 같이 구족하여 앞뒤로 둘러싼 많은 대중과 더불어 그 사람의 앞에 나타나 섭수하여 인도하며, 그 사람은 즉시 화신의 부처님을 따라 극락국토에 왕생하느니라. 그는 무상의 깨달음에서 물러나지 않는 지위에 머물게 되며, 공덕과 지혜는 상배 왕생자의 다음이니라.

하배(下輩) 왕생자는 설령 많은 공덕을 지을 수는 없을지라도, 마땅히 무상의 보리심을 발하여 일심으로 마음을 집중하여 아미타불을 염하는 자이니라. 법문을 들은 후 좋아하며 믿고 즐거워하면서 의혹을 내지 않으며, 지성심으로 극락국토에 왕생하기를 원하느니라. 그 사람은 임종 시에 꿈에서 아미타불을 보고 왕생하게 되며, 공덕과 지혜는 중배 왕생자의 다음이니라.

만약 어떤 중생 가운데 대승에 머무는 자는 청정심으로 무량수불께 향하거나 또는 십념(十念)으로 극락국토에 왕생하기를 원하느니라. 깊은 법을 듣고 즉시 믿음과 이해가 생기거나 또는 일념의 청정한 마음을 얻어 그 일념의 마음으로 저 부처님을 염하면, 그 사람은 임종 시에 마치 꿈에서 아미타불을 뵙고, 반드시 저 국토에 왕생하여 무상의 깨달음에서 물러나지 않을 것이니라."

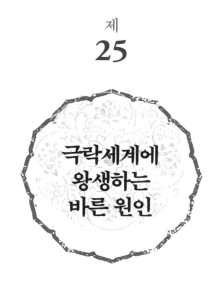

제
25

극락세계에 왕생하는 바른 원인

◉

"그리고 다시 아난이여, 만약 어떤 선남자와 선여인이 이 경전을 듣고 수지하고 독송하며, 서사하고 공양하며, 밤낮으로 계속하여 저 불국토에 왕생하기를 구하려면, 보리심을 발하고 모든 금계를 지니면서 범하지 않고 견고하게 지키며, 유정의 중생을 많이 이롭게 하고, 지은 선근을 모두 그들에게 주며, 그들을 안락하게 하면서 서방의 아미타불과 저 극락국토를 억념해야 하느니라. 그러면 이 사람이 목숨을 마치면 부처님의 상호와 같이 갖가지로 장엄하고, 칠보로 이루어진 극락국토에 왕생할 것이며, 속히 불법을 듣고 영원히 물러나지 않을 것이니라.

그리고 아난이여, 만약 어떤 중생이 저 국토에 왕생하기를 바라면, 비록 크게 정진하고 선정을 닦을 수는 없을지라도, 경에서 가르치는 계를 힘써 지키면서 마땅히 열 가지의 선[十善]을 지어야 하느니라. 첫째로 살생을 하지 않으며, 둘째로 훔치지 않으며, 셋째로 음욕[46] 하지 않으며, 넷째로 거짓말하지 않으며, 다섯째로 꾸미는 말을 하지 않으며, 여섯째로 나쁜 말을 하지 않으며, 일곱째로 이간질을 하지 않으며, 여덟째로 탐하지 않으며, 아홉째로 화내지 않으며, 열째로 어리석지 않아야 하느니라. 이와 같이 행하며 밤낮으로 극락세계와 아미타불의 갖가지 공덕과 장엄을 사유하며, 지심으로 귀의하고 정례하며 공양하는 사람은 임종 시에 두려워하거나 놀라지 않고 마음이 전도되지 않으므로 즉시 저 불국토에 왕생하게 되느니라.

만약 집안에 일이 많아 집을 떠날 수 없고 여가가 없어 재계를 크게 닦지 못하여 일심으로 청정할 수 없으면, 한가로운 시간에 몸과 마음을 단정히 하여 애욕을 끊고 근심걱정을 놓아버리며, 자비의 마음으로 정진해야 하느니라. 마땅히 분노하거나 질투하지 않고, 먹는 것을 탐하거나 재물을 아껴 인색하지 않아야 하며, 선을 행하면서 중도에 후회하지 않고, 여우가 의심하듯이 머뭇거리며 주저하지 않아야 하느니라. 마땅히 효순하며 지성으로 충성스럽고 믿음이 있어야 할 것이니라. 그리고 마땅히 부처님 경전의 말씀이 깊다고 믿으며, 선을 지으면 복을 얻는다는 인과의 도리를 믿어야 하느니라.

이와 같은 여러 선법을 받들어 지니면서 줄어들거나 잃지 않게 하며, 사유하고 숙고하여 생사에서 벗어나길 바라면서 밤낮으로 항상 염불하고, 아미타불의 청정한 불국토에 왕생하기를 발원해야 하느니라. 십일 밤낮 또는 하루 밤낮 동안 염불이 끊어지지 않는 자는 수명을 마치면 모두 극락국토에 왕생할 것이니라.

그리하여 그들은 보살도를 행할 것이며, 모든 왕생자는 불퇴전의 지위를 얻고, 금색의 32상을 구비하며,

장래에 부처가 될 것이니라. 어떤 불국토에서 부처가 되려고 하면 마음이 원하는 바를 따라 이루어질 것이니라. 자기 정진의 빠르고 늦음에 따라[47] 쉬지 않고 도를 구하면 그것을 얻을 것이며, 그의 본원인 성불을 잃지 않을 것이니라.

아난아, 이러한 뜻과 이익이 있는 까닭으로 무량하고 무수하며, 불가사의하고 같음이 없으며, 끝이 없는 세계의 모든 부처님·여래께서 무량수불의 모든 공덕을 칭찬하느니라.”

제
26

시방세계 보살이 무량수불의 법을 듣다

◉

"또한 아난이여, 시방세계의 모든 보살들은 극락세계의 무량수불을 만나 뵙고 예배하기 위하여 각각 향과 꽃, 당번과 보개를 가지고 부처님 계신 곳에 와서 공경하게 공양하고, 경법의 가르침을 듣고 수지하며, 아미타불의 가르침과 교화를 시방세계에 널리 선전하여 유포하며, 아미타불 국토의 공덕과 장엄을 칭찬하느니라."

이때 세존께서는 즉시 게송을 설하셨다.

동방의 모든 불국토

항하의 모래만큼 많으며

항하의 모래 같이 수많은

보살들이 무량수불을 예배하네.

남, 서, 북방과 사유, 상하의

보살들 역시 그러하며

모두 존중하는 마음으로

많은 진귀한 보배 받들어 공양하도다.

듣기 좋은 우아한 음성으로

가장 수승한 부처님[48] 찬탄하고

궁극을 통달한 신통과 지혜로

깊은 법문에 들어가 노니네.

아미타불의 성스럽고 덕 있는 명호 듣고

안온하게 큰 이익 얻으며

갖가지 공양하는 가운데

게으른 마음 없이 부지런히 수행하네.

저 수승한 불국토를 관찰하니
미묘하고 사의하기 어려우며
공덕으로 널리 장엄함은
모든 불국토와 비교하기 어렵네.

무상의 마음 발하여
깨달음을 속히 이루기 바라며
원을 발하는 그때 무량수불
미소 띤 금빛 모습 드러내시네.

광명이 입으로부터 나와서
시방국토 두루 비추고
그 광명 돌아와 부처님을
세 번 돌고 정수리로 들어가네.

보살은 이 광명을 보면

즉시 불퇴전의 지위를 증득하며
그때 법회의 모든 대중은
서로 기뻐하며 환희심을 내네.

부처님 말씀은 천둥과 같아
여덟 가지 묘한 소리 퍼지고
시방에서 온 보살들의 원을
아미타불은 모두 아네.

뜻으로 장엄한 정토를 구하여
부처가 될 수기를 받고
일체의 법이 마치
꿈과 환상과 메아리 같음을 깨달아
모든 묘한 원을 만족하여
반드시 이와 같은 국토 이룰 것이네.

국토는 그림자와 같음을 알고
영원히 큰 서원을 발하여

보살도를 원만하게 하고
모든 공덕의 근본을 갖추며
수승한 보리의 행을 닦아
부처가 되리라는 수기를 받네.

제법의 체성을 통달하고
일체법이 공하고 무아임을 통달하여
오로지 청정한 불국토를 구하면
반드시 이와 같은 국토 이루리.

법을 듣고 즐거이 가르침대로
수행하여 극락정토에 이르면
반드시 무량수불로부터 수기를 받아
정등각을 이루리.

무변하고 수승한 극락국토는
저 부처님의 본원력 때문이니
부처님 명호를 듣고 왕생하여

스스로 불퇴전의 지위를 이루네.

보살은 지극한 원을 일으켜

자기의 국토도 다르지 않을 것을 원하여

널리 일체 중생을 제도하고자

각자 보리심을 발하며

저 윤회하는 몸을 버리고

다 같이 피안에 오르게 하네.

만억의 부처님 받들어 모시고

모든 국토 다니면서 교화하다가

공경하고 환희하며

다시 극락국토로 돌아오네.

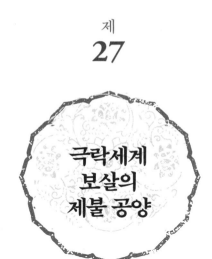

극락세계 보살의 제불 공양

佛說大乘無量壽莊嚴清淨平等覺經

부처님께서 아난에게 말씀하셨다.

"저 극락국토의 보살은 부처님의 위신력을 받아서 한 번 식사할 시간에 시방의 무변한 청정한 불국토에 가서 모든 부처님을 공양하느니라. 꽃과 향, 당번 등 공양구는 생각에 응하여 즉시 이르러 모두 손 가운데에 나타나느니라. 진귀하고 미묘하며 특별히 수승하여 세간에서 볼 수 없는 공양구로 모든 부처님과 보살들을 받드느니라.

그가 뿌린 꽃들은 즉시 공중에서 하나의 꽃으로 합

쳐져 모두 아래로 내려오면서 바르고 둥글게 주위를 돌며 꽃 일산으로 변화되느니라. 백천의 빛깔로 색색마다 기이한 향이 나오며, 향기가 널리 퍼지느니라. 꽃 일산이 작은 것은 10유순에 가득하고 이와 같이 크기가 배로 커지면서 삼천대천세계를 두루 덮으며, 그 앞뒤를 따라 차례로 없어지느니라. 만약 다시 새로운 꽃을 거듭 뿌리지 않으면, 그 전에 뿌린 꽃은 끝내 떨어지지 않느니라. 허공 중에서 함께 천상의 음악을 연주하며, 미묘한 음악으로 부처님의 덕을 찬탄하고, 잠깐 사이에 다시 본국으로 돌아오느니라.

그리하여 모든 보살들이 칠보의 강당에 모이면 무량수불은 널리 일승(一乘)의 큰 가르침을 선설하고 묘법을 펼치느니라. 즐거워하지 않는 사람이 없으며 마음으로 이해하여 도(道)⁴⁹를 얻느니라. 그러면 즉시 향기로운 바람이 칠보 나무에 불어 다섯 가지 소리〔五音〕를 내며 무량의 미묘한 꽃들이 바람을 따라 사방으로 흩어지면서 저절로 공양하게 되며, 이와 같이 끊어지지 않느니라. 모든 천인은 백천 가지 꽃과 향과 만 가지

음악으로 저 부처님과 모든 보살과 성문들에게 공양하며, 앞뒤로 오가면서 기뻐하고 즐거워하느니라.

이러한 것은 모두 무량수불의 본원으로 위신력을 더한 것이며, 또한 이전에 여래를 공양한 선근이 상속되어 부족하거나 줄어들지 않은 까닭이며, 선근을 잘 닦고 익힌 까닭이며, 선근을 잘 받아들이고 취한 까닭이며, 선근을 잘 성취한 까닭이니라."

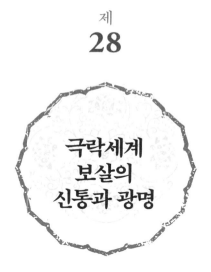

제
28

극락세계
보살의
신통과 광명

◉

부처님께서 아난에게 말씀하셨다.

"저 불국토 가운데 있는 모든 보살들은 모두 팔방과 상하, 과거와 미래, 현재의 일을 통찰하여 보고 관통하여 듣느니라.[50] 모든 천인과 인간, 나아가 기고 날고 꿈틀거리는 축생에 이르기까지 마음의 뜻과 선악, 입으로 하고자 하는 말과 언제 제도되고 해탈하며, 도를 얻어 왕생할 것인지를 모두 미리 알 수 있느니라.[51] 그리고 저 불국토의 모든 성문들의 몸의 광명은 8척(尺)이며, 보살의 광명은 100유순이니라. 두 분의 보살이 있는데, 가장 존귀하고 제일이며, 위신과 광명은 널리 삼천대천세계에 비치느니라."

아난이 부처님께 아뢰었다.

"저 두 보살의 명호는 무엇입니까?"

부처님께서 말씀하셨다.

"한 분은 관세음보살이고, 한 분은 대세지보살이니라. 저 두 보살은 사바세계에서 보살행을 닦아 저 극락세계에 왕생하였으며, 항상 아미타불의 좌우에 있으면서 시방의 무량한 부처님 처소에 이르고 싶으면 마음에 따라 이르게 되며, 지금 이 사바세계에 머물면서 큰 이로움과 즐거움을 주고 있느니라. 세간의 선남자와 선여인이 만약 긴급한 재난과 두려운 일이 있으면, 단지 스스로 관세음보살에게 귀의하여 구하면 해탈을 얻지 못하는 자가 없느니라."

제
29

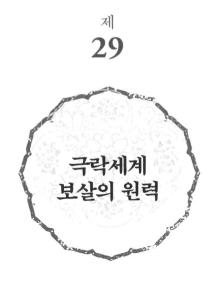

극락세계
보살의 원력

◉

"그리고 아난이여, 저 부처님의 국토 가운데 현재와 미래의 모든 보살들은 모두 궁극의 일생보처 보살이 될 것이니라. 오직 큰 서원을 세워 생사의 세계에 들어가 많은 중생을 제도하려고 사자후와 같이 법문을 설하는 보살은 제외하느니라. 그는 큰 갑옷을 걸치고 큰 서원과 공덕으로 스스로를 장엄하느니라. 비록 오탁의 악세에 태어나 중생들과 같은 모습의 몸을 받아 시현하지만, 곧바로 부처를 이룰 때까지 악도에 나지 않으며, 세세생생 나는 곳마다 항상 숙명을 알게 되느니라.

무량수불은 시방세계의 많은 중생을 제도하며 해탈시키려고 그들을 모두 극락국토에 왕생하게 하고 모두 열반의 도를 얻게 하며, 보살이 된 자는 모두 부처가 되게 하느니라. 이미 부처가 된 후에는 중생을 서로 가르치고 서로 제도하여 해탈시키느니라. 이와 같이 돌아가며 중생을 제도하는 것은 너무 많아 다시 계산할 수 없을 정도이니라.

시방세계의 성문과 보살, 모든 중생의 무리 가운데 저 불국토에 왕생하여 열반의 도를 얻어, 미래에 부처가 될 자는 이루 셀 수 없을 정도로 많으니라. 저 불국토는 항상 여일한 법[常如一法][52]이라서 그 수가 많아지지 않느니라. 무엇 때문이겠느냐? 마치 큰 바다는 물 가운데 왕으로 모든 물은 바다로 흘러 들어가기 때문이니라. 큰 바다의 물에 어찌 늘어나고 줄어듦이 있겠느냐?

팔방과 상하의 방향으로 불국토의 수는 무수한데, 아미타불의 불국토는 상주(常住)하고 광대하며, 청정하여 밝고 상호가 장엄하고 즐거우며, 시방세계에서 가

장 홀로 뛰어나니라. 본래 그것은 아미타불께서 보살
이 되었을 때 장구한 세월 동안 도를 구하고 발원한 바
를 성취하며 쌓은 덕으로 인한 것이니라. 무량수불의
은덕과 보시는 팔방과 상하의 방향으로 무궁하고 다함
이 없으며, 매우 깊고 크며, 무량하여 말로 다할 수 없
을 정도이니라."

제

30

극락세계
보살의
미묘한 수행

◉

"또한 아난이여, 저 불국토의 모든 보살은 선정과 지혜, 신통과 위덕이 원만하지 않은 자가 없느니라. 제불의 비밀한 경전의 궁극 도리를 깨달으며, 모든 육근을 조복하여 몸과 마음이 유연하고, 깊이 진정한 지혜에 들어가 다시는 남은 습기가 없느니라. 부처님께서 행하신 칠각지와 팔정도 등 삼십칠의 조도품〔三十七助道品〕에 의지하며, 오안(五眼)을 수행하여 진공(眞空)의 참된 진리를 깨닫고, 묘유(妙有)의 현상 진리를 통달하느니라. 육안으로는 앞에 나타나는 색상을 볼 수 있으며,

佛說大乘無量壽莊嚴淸淨平等覺經

1
3
3

천안으로 시방법계를 걸림 없이 볼 수 있으며, 법안이 청정하여 일체의 제법을 관할 수 있으며, 혜안으로 진공(眞空)의 이치를 보며, 불안(佛眼)을 구족하여 법성을 깨닫느니라.

모든 변재를 구족하여 자재하고 걸림이 없으며, 세간의 무변한 선교방편을 잘 이해하고, 말하는 법문이 성실하고 진실하며, 중도실상의 이치에 깊이 들어가 모든 유정을 제도하고, 진정한 법을 연설하느니라. 일체의 상에 집착함이 없고 조작함이 없으며, 속박됨도 없고 벗어남도 없으며, 모든 분별이 없어 전도됨을 멀리 떠나며, 수용하는 바에 모두 취착(取著)하지 않느니라. 시방의 불국토에 두루 다니면서 좋아함도 없고 싫어함도 없으며, 또한 바라고 바라지 않는 생각도 없으며, 남과 나라는 생각과 거스르고 원망하는 생각도 없느니라. 무엇 때문이겠느냐? 저 모든 보살은 일체 중생에게 대자비로 이익을 주려는 마음을 가지고 있기 때문이니라.

일체의 집착을 떠나 한량없는 공덕을 성취하고, 걸

림 없는 지혜[無礙慧][53]로 법이 여여함을 이해하느니라. 고집멸도 사성제(四聖諦)인 음성의 방편법문을 잘 알며, 세상의 무익한 논쟁을 좋아하지 않고 궁극의 제일의제 (第一義諦)인 정론을 즐거워하느니라. 일체법이 모두 공적함을 알며, 변역생사의 몸과 번뇌의 두 가지 남은 습기가 모두 다하였느니라.

삼계 가운데서 평등함을 부지런히 닦고 일승(一乘)의 도를 궁구하여 피안에 이르렀느니라. 의심의 그물을 끊어 얻은 바 없음을 증득하였으며, 방편의 지혜로써 깨달음을 증장하였느니라. 본래부터 자연히 신통에 안주하고, 일승의 도를 얻은 것은 자기의 마음으로 깨달으며 다른 것으로부터 깨달은 것이 아니니라."

제

31

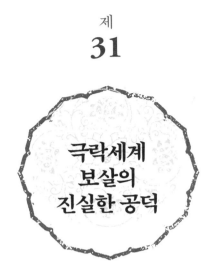

극락세계
보살의
진실한 공덕

•

"극락세계 보살의 지혜는 마치 거대한 바다와 같이 넓고 깊으며, 깨달음은 수미산처럼 높고 넓으니라. 그 몸의 위덕의 광명은 해와 달보다 뛰어나며, 그 마음의 깨끗함은 마치 설산과 같으니라. 인욕은 대지와 같이 일체를 평등하게 대하며, 청정함은 물과 같아 모든 먼지와 때를 씻느니라. 지혜의 치성함은 불과 같아 번뇌의 땔나무를 태우며, 집착하지 않음은 바람과 같아서 모든 장애가 없느니라.

우레와 같은 법음은 깨닫지 못한 중생을 깨닫게 하기

위한 까닭이며, 감로의 법비를 내리는 것은 중생을 윤택하게 하기 위한 까닭이니라. 허공처럼 마음이 넓은 것은 크게 자비하고 평등한 까닭이며, 청정한 연꽃과 같음은 오염된 것을 떠난 까닭이니라. 니구나무와 같은 것은 그늘을 크게 덮는 까닭이며, 금강의 방망이와 같은 것은 삿된 집착을 깨뜨리는 까닭이며, 철위산과 같은 것은 마와 외도의 무리가 동요할 수 없는 까닭이니라.

그 마음은 바르고 곧으며 인연을 따라 선교의 방편으로 중생을 교화하는 것은 진실하며, 법을 논함에 싫어함이 없고 법을 구함에 게으르지 않느니라. 계는 유리처럼 안과 밖이 밝고 깨끗하며, 그가 하는 말은 많은 사람을 기쁘게 복종하게 하느니라. 법의 북을 치고, 법의 당기를 세우며, 지혜의 해를 빛내고, 어리석음의 어둠을 깨뜨리느니라. 순수하고 청정하며 온화하고, 고요하고 안정되어 밝게 살피며, 큰 인도자가 되어 자기와 남을 조복하느니라.

많은 중생을 인도하여 모든 애착을 버리게 하고, 영원히 탐·진·치의 세 가지 때를 떠나게 하며, 신통에 유희하면서 크게 자재하느니라. 인연과 원력으로 많은 선근을 내며, 일체의 마군을 꺾어 항복시키느니라. 모든 부처님을 존중하고 받들어 섬기며, 세간의 밝은 등불이 되어 가장 뛰어난 복전이 되며, 수승하고 길상하여 공양을 받을 만하니라.

극락세계 보살의 위광이 밝게 빛나고 마음으로 즐거워하며, 중생을 교화하는 데 용맹하고 두려움이 없느니라. 신체의 상호와 갖가지 공덕과 걸림이 없는 변재를 갖추고, 복덕과 지혜의 장엄을 구족하여 견줄 자가 없느니라. 항상 모든 부처님께서 칭찬하시는 바이며, 보살의 모든 바라밀을 행하여 원만하게 하느니라. 그리고 항상 불생불멸의 모든 삼매에 편안히 머물며 두루 시방세계의 도량을 다니며, 이승(二乘)의 경계를 멀리하느니라.

아난이여, 나는 지금 극락세계에 왕생하는 보살의 진실한 공덕이 모두 이와 같음을 간략하게 설하였느니라. 만약 자세하게 말하려고 하면 백천만 겁에도 다 밝혀내지 못할 것이니라."

극락세계의
즐거움은
끝이 없다

◉

부처님께서 미륵보살과 여러 천인과 인간들에게 말씀하셨다.

"무량수불 국토의 성문과 보살의 공덕과 지혜는 말로 다할 수 없으며, 또한 그 국토의 미묘함과 안락함과 청정함도 이와 같으니라. 그런데 어찌하여 힘써 선[54]을 행하지 않으며, 도의 자연스러움[55]을 염하지 않느냐?

극락세계의 대중들은 아무런 걸림 없이 극락세계를 출입하면서 타방의 제불에게 공양하며, 경을 읽고 도를 행함을 기뻐하고 즐기면서 오래 익히면, 비로소 지혜가 맹렬하고 마음이 중도에서 물러나지 않으며, 뜻이 게으른 때가 없느니라. 겉으로 보면 느리고 느슨한 것 같아도 마음속으로는 오직 끊어짐이 없이 정진하고 있으며, 허공과 같은 넓은 마음은 적절하게 중도를 얻으며, 마음속과 겉모습이 상응하여 자연히 엄숙하고 단정하느니라.

자기를 점검하고 반성하여 바르고 곧아서 몸과 마음이 정결하여 탐애가 없느니라. 뜻과 원은 안정되어 늘어나거나 부족하거나 줄어드는 것이 없으며, 도를 구함이 온화하고 바르므로 기울거나 삿된 잘못이 없느니라. 경전의 규율에 따라 마치 먹줄과 같이 감히 어기지 않고 모두 도를 추구하며, 마음이 텅 비어 다른 생각이 없으며 근심걱정이 없느니라. 자연히 무위(無爲)의 도에 안주하여 허공처럼 오염됨이 없으며, 담박하고 편안하여 욕심이 없느니라.

선한 원을 지어 마음을 다하여 구하며, 자비심을 간직하고 불쌍히 여겨 세간의 예(禮)와 의(義)에 모두 부합하느니라. 안과 밖을 모두 포용하고 받아들여[56] 일체

중생이 생사의 바다를 건너 해탈하게 하느니라. 자연의 도를 보임하여 지키며, 진여자성의 참됨은 순결하고 청정하느니라. 뜻과 원으로 무상의 도를 추구하며 청정하고 고요하며 안락하느니라. 어느 순간에 지혜가 열려 통달하며 자연 가운데의 자연의 모습[57]과 자연 속에 있는 근본[58]을 투철하게 깨닫느니라.

자연의 빛의 색이 섞여 들어가 천류하면서 가장 수승한 것으로 변하는데, 마치 울단월[59]의 세계는 칠보로 이루어지고 횡으로 거두어들여 만물을 이루는 것과 같으니라. 광명은 정묘하고 밝음이 함께 나오며, 장엄한 모습은 시방세계에서 특히 비할 바가 없으며, 상하가 없는 평등한 진리를 나타내고 지혜의 통달함은 끝이 없느니라.

마땅히 각자 열심히 정진하고 노력하여 스스로 정토를 구하면, 반드시 윤회를 초월하고 생사를 끊어 무량하고 청정한 아미타불의 국토에 왕생할 것이며, 횡으로 다섯 세계[60]를 끊어 저절로 악도를 막을 것이니라. 다함이 없는 수승한 세계[61]에 가기는 쉬우나 가는 사람이 없구나.

　저 극락국토에서는 거역하거나 막지 않으며, 왕생을 하면 자연히 모든 것이 뜻을 따라 성취되느니라. 수많은 인연을 놓으려는 뜻을 허공과 같이 하고 부지런히 수행하여 도덕[62]을 구하면, 지극한 장생(長生)을 얻을 것이며, 수명의 즐거움은 끝이 없을 것이니라. 그런데 어찌하여 세상의 일에 집착하면서 요란스럽게 무상(죽음)을 걱정하느냐?"

제
33

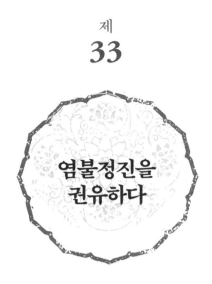

염불정진을
권유하다

◉

"세상 사람은 급하지 않은 일로 함께 다투며, 이러한 극악하고 매우 괴로운 가운데서 부지런히 일을 경영하여 스스로를 위하여 자급하며 성취하느니라. 부귀하고 빈천하거나 남녀노소를 막론하고, 노심초사하면서 마음을 수고롭게 부리느니라. 밭이 없으면 밭을 걱정하고 집이 없으면 집을 걱정하며, 권속과 재물이 있거나 없어도 같이 걱정하느니라. 하나가 있으면 다른 하나가 모자라며, 모두 가지려고 생각하느니라. 부족한 것을 적당하게 갖추게 되면, 또 뜻밖의 일을 만나

걱정하게 되느니라. 수재나 화재 혹은 도적을 만나거나, 원수와 빚쟁이를 만나며, 불에 타거나 물에 휩쓸리거나, 빼앗기거나 소멸되고 흩어지며 없어지느니라. 간탐하는 마음이 견고하여 보시하려고 하지 않느니라. 목숨을 마치면 모든 것을 버리게 되며 아무도 따라오지 않느니라. 가난한 사람이나 부자나 모두 근심과 고통이 수만 가지이니라.

세간의 사람들은 부모, 자식과 형제, 부부와 친척들이 마땅히 서로 공경하고 사랑할 것이며, 서로 미워하고 질투하지 않아야 하느니라. 있거나 없어도 서로 통하고, 탐하고 아끼는 것이 없으며, 말은 부드럽고 얼굴색은 항상 온화하여 서로 거스르거나 어기지 않아야 하느니라. 혹은 어떤 때 마음에 다툼이 생겨 화가 나는 것이 있으면, 후세에 심하게 변하여 큰 원한을 이루게 되느니라. 그리하여 세간의 일에서 더욱 서로 해치게 되며, 비록 때가 이르지 않아도 응당 급히 보복하려는 생각을 타파해야 하느니라.

사람은 애욕 가운데서 홀로 나고 홀로 죽으며, 홀로

가고 홀로 오느니라. 고통과 즐거움을 스스로 감당해야 하며 대신해줄 사람이 없느니라. 선악의 변화를 쫓아서 태어나며 가는 길이 같지 않으니, 다시 만날 날을 기약할 수 없느니라. 어찌하여 강건할 때 노력하여 선을 닦지 않고, 어느 때를 기다리려고 하느냐?

세상 사람은 선악에 대하여 길흉화복을 스스로 알 수 없어 다투어 각자 선악의 업을 짓느니라. 몸이 어리석고 정신이 어두워 다른 가르침을 받으며, 전도됨이 서로 이어지는 것이 무상한 생사의 근본이니라. 어둡고 어리석어 저돌적으로 함부로 행동하며, 부처님의 경법을 믿지 않고 마음에는 미래에 대한 생각이 없으며, 각자 현생의 즐거움을 추구하느니라. 분노와 성냄에 미혹하고 재색을 탐하여 마침내 그치지 않으니, 슬프고 슬프구나.

불법을 만나지 못한 예전 사람들이 선하지 못하고 도덕을 알지 못하며, 선악의 인과를 말하는 자가 없는 것은 특별히 탓할 것이 없느니라. 생사의 가는 곳과 선악의 길을 모두 믿지 않지만, 옳은 것이 아니라고 말하느니라. 더욱 서로 쳐다보면서 스스로가 선악의 과보를 보게 되느니라. 혹은 부모는 자식의 죽음을 슬퍼하고, 자식은 부모의 죽음을 슬퍼하며, 형제와 부부는 서로의 죽음을 슬퍼하며 눈물 흘리느니라. 한 번 죽고 한 번 태어나는 생사 속에서 서로 돌아보고 연민하며, 걱정과 사랑으로 결박되어 풀어질 때가 없구나.

은애를 생각하고 정욕을 떠나지 못하니, 깊이 심사숙고하여 전일하게 정진하고 도를 수행하지 않으면, 수명이 다하여 어찌할 도리가 없구나. 도를 잘못 아는 자는 많고 도를 깨달은 자는 적구나. 각자 죽이려는 독한 마음을 품어 악한 기운으로 인하여 마음이 어둡고 어두워 허망하게 일을 일으켜 천지를 거스르며, 방자한 뜻으로 지은 죄업이 지극하여 갑자기 그 목숨을 빼앗기며, 악도에 떨어져 벗어날 기약이 없구나.

너희들은 마땅히 심사숙고하여 많은 악을 멀리 떠나야 하며, 선을 택하여 부지런히 행해야 하느니라. 애욕과 부귀영화는 항상 오래 보전하지 못하고, 모두 이별해야 하니 즐거울 것이 없느니라. 마땅히 부지런히 정진하여 안락국에 왕생해야 하느니라. 그러면 지혜가 밝고 통달하며 공덕은 수승하느니라. 마음의 욕망을 따라 함부로 행동하지 말 것이며, 경전과 계율의 가르침을 저버리면 다른 사람의 뒤에 쳐지게 될 것이니라."

佛說大乘無量壽莊嚴清淨平等覺經

제
34

마음이
열려
밝아지다

◉

미륵보살이 부처님께 아뢰었다.

"부처님의 말씀과 가르침은 이치가 매우 깊고 선교 방편이 있습니다. 모두 자비의 은혜를 입어 근심과 괴로움에서 벗어납니다. 부처님은 법왕으로서 존귀함이 많은 성인을 뛰어넘으며 광명은 밝게 비치고 통달하여 끝이 없으며, 두루 일체의 인간과 천인의 인도자가 되었습니다. 오늘 부처님을 뵈어 다시 무량수불의 명호를 듣게 되었으니 기쁘지 않을 수 없으며 마음이 밝게 열렸습니다."

부처님께서 미륵보살에게 말씀하셨다.

"부처님을 공경하는 것은 큰 선을 행하는 것이니 진실로 염불해야 하느니라. 여우 같은 의심을 끊고 모든 애욕을 뽑으며, 많은 악의 근원을 막아야 하느니라. 삼계를 유희하는 데 걸림이 없으니, 염불법문의 바른 도를 설하여 제도되지 못한 자를 제도해야 하느니라.

너희들은 알아야 하느니라. 시방세계의 사람들은 영겁 이래로 다섯 세계에 윤회하고 있느니라. 근심과 고통이 끊이지 않으며, 태어날 때 고통스럽고, 늙어도 또한 고통스러우며, 병이 들면 고통이 극심하고, 죽을 때도 고통이 극심하니라. 악취가 나고 깨끗하지 못하며 즐거워할 만한 것이 없느니라. 마땅히 스스로 결심하여 마음의 때를 제거하고, 말과 행동은 충실하고 믿음이 있으며, 안과 밖이 상응해야 하느니라. 사람은 스스로 제도할 수 있으며, 서로 구제할 수 있느니라. 지심으로 발원하여 선의 근본을 쌓아야 하느니라. 비록 한 생 동안 정진하며 부지런히 노력하여도 잠깐 동안일 따름이니라.

이후에 무량수불의 국토에 왕생하면 즐거움이 끝이 없고 영원히 생사의 근본을 뽑아 제거하며, 다시는 고통과 번뇌의 걱정이 없느니라. 수명은 천만 겁으로 길며, 자재하고 뜻대로 할 수 있느니라. 각자는 마땅히 정진하여 마음으로 극락왕생을 구해야 하느니라. 절대로 의심하거나 후회를 해서 스스로 허물을 지으면 안 되느니라. 의심하면 저 극락국토의 변지에 나서 칠보의 성 가운데서 오백 세 동안 많은 고난을 받을 것이니라.”

미륵보살이 아뢰었다.

“부처님의 밝은 가르침을 받고 오로지 열심히 닦고 배워서 가르침과 같이 받들어 행할 것이며, 감히 의심하지 않겠습니다.”

제
35

오탁악세의 고통

●

부처님께서 미륵보살에게 말씀하셨다.

"너희들이 이 세계에서 마음과 뜻을 바르게 하여 모든 악을 짓지 않을 수 있으면, 매우 큰 덕이 되느니라. 무엇 때문이겠느냐? 시방세계에 선을 짓는 자가 많고 악을 짓는 자가 적으면 쉽게 교화할 수 있느니라. 오직 이 다섯 가지 악이 세간에서 가장 괴로운 것이니, 내가 지금 이곳에서 부처가 되어 많은 중생을 교화하는 것은 그들로 하여금 다섯 가지 악[五惡]63을 버리게 하여 다섯 가지 고통[五痛]64을 제거하며, 다섯 가지 태움

〔五燒〕[65]을 떠나게 하기 위함이니라. 그리하여 그 뜻을 조복시키고 교화하여 중생으로 하여금 다섯 가지 선을 지니게 하여 복덕을 얻게 하려는 것이니라. 어떤 것이 다섯 가지 악인가?

첫째, 세간의 많은 중생은 모든 악을 지으려고 하느니라. 강한 자는 약한 자를 굴복시키고, 서로 적을 이겨서 해치고 살상하며, 서로 삼키고 먹으면서 선을 지을 줄을 모르고 후에 재앙과 벌을 받느니라. 그런 까닭으로 가난한 거지와 고독한 자, 귀머거리, 벙어리, 바보, 절름발이들이 있게 되었느니라. 이 모두 전생에 도덕을 믿지 않고 선을 지으려 하지 않았기 때문이니라.

존귀한 사람, 호걸, 부유한 사람, 현명한 사람, 장자(長者), 지혜롭고 용감한 사람, 재주가 뛰어난 사람들이 있는데, 그들은 모두 과거생에 자비롭고 효순하며, 선을 닦고 덕을 쌓은 까닭이니라. 세간에는 이러한 일들이 일어나고 있느니라. 목숨을 마친 후 저승세계에 들어가 생을 바꿔서 몸을 받으며, 모습을 바꿔 가는 길이 다르니라. 그러므로 지옥, 금수, 기고 날고 꿈틀거리는 벌레들이 있게 되었느니라.

세상의 법에 비유하면 감옥에 들어가 극심한 고통과 극형을 받는 것과 같으니라. 혼신(魂神)의 정은 죄에 따라 가며, 받는 수명은 길기도 하고 짧기도 하느니라. 서로 같이 태어나서 서로 돌아가며 빚을 받고 갚으며, 재앙과 악이 아직 다하지 않으면 끝내 떠날 수 없느니라. 그 가운데서 윤회하면서 오랜 겁 동안 벗어나기 어렵고, 해탈하기 어려워 그 고통은 말로 할 수 없느니라. 천지간에 자연히 이러한 것이 있는데, 비록 즉시에 갑자기 응하게 되는 것이 아니지만, 선과 악은 그곳으로 돌아가느니라.

둘째, 세간의 사람들은 법도를 따르지 않고 사치하고 음란하며, 교만하고 방종하여 마음대로 제멋대로 구느니라. 위에서 군림하면서 밝지 못하고 지위에 있으면서 바르지 못하여 사람을 억울함에 빠지게 하고, 충신과 어진 이를 해치느니라. 마음과 말이 각각 다르며 마음에 거짓이 많고, 지위가 높은 자나 낮은 자나 가족이나 타인이나 더욱 서로 거짓말로 속이고 분노하고 어리석으니라. 스스로 자기에게 관대하여 탐욕이 많으며, 이로움과 손해, 이기고 지는 것에 분노하여 원수를 이루고, 패가망신하며 앞뒤의 사정을 돌아보지 않느니라. 부유하면서도 아끼는 마음이 있어 보시하지 않으려 하느니라. 탐하는 것을 귀중하게 간직하여 마음이 수고롭고 몸이 괴로우니라. 이와 같이 행동하여 종국에 이르면 하나도 따르는 것이 없느니라.

선악과 화복(禍福)은 태어나는 목숨을 따라 즐거운 곳에 나기도 하고 괴로운 곳에 들어가기도 하느니라. 또한 착한 일 하는 사람을 보고 미워하고 비방하면서 흠모하거나 따르려고 생각하지 않고, 항상 훔치려는 마음을 품느니라. 타인이 이익을 얻는 것을 보면 슬퍼하면서 자기에게 오도록 하고, 그것이 소멸하여 흩어지면 다시 취하려고 하느니라. 신명은 이를 잘 알기 때문에 마침내 악도에 들어가게 되느니라. 스스로 삼악도에서 무량한 고통을 받으며, 그 가운데 윤회하면서 오랜 겁 동안 벗어나기 어려우니, 그 고통은 말로 다 할 수 없느니라.

셋째, 세간의 사람들은 서로의 업인에 의탁하여 태어나는데 그 수명은 얼마나 되겠느냐? 선량하지 못한 사람은 몸과 마음이 바르지 못하여 항상 삿된 악을 품고, 항상 음란함을 생각하느니라. 번뇌가 가슴속에 가득하고, 삿되고 방탕한 태도가 바깥으로 드러나면서 집안의 재물을 낭비하며, 법에 어긋나는 일을 행하느니라. 그러나 마땅히 구해야 하는 것⁶⁶은 하지 않으려고 하느니라.

그리고 혹은 서로 모여 무리를 이루어 군사를 일으켜서 서로 정벌하며 공격하여 빼앗고 살육하고 강탈하며 협박하여 얻은 것을 자기의 처자에게 주는 일을 몸이 다하도록 즐거움으로 삼느니라. 사람들이 모두 미워하고 싫어하니 이를 걱정하고 괴로워하느니라.

이와 같은 악행을 사람과 귀신은 기억하며, 신명도 기억하여 알기 때문에 자연히 삼악도에 들어가느니라. 무량한 고통을 받으며 그 가운데 윤회하면서 오랜 겁 동안 벗어나기 어려우며, 그 고통은 말로 다 할 수 없느니라.

넷째, 세간의 사람들은 선을 닦으려고 생각하지 않고, 이간질하는 말, 나쁜 말, 거짓말, 꾸미는 말을 하느니라. 착한 사람을 미워하고 질투하며, 어질고 지혜로운 사람을 장애하고 배척하느니라. 부모에게 불효하며, 스승과 어른을 경시하고, 친구 간에 신뢰가 없으며, 성실함을 얻기 어려우니라.

존귀한 사람은 스스로를 높이고, 자기에게 도가 있다고 말하느니라. 난폭하게 행동하고 위세를 부리면서 남을 침범하며, 남들이 두려워하고 공경하기를 바라면서 스스로 부끄러워하고 두려워할 줄을 모르니, 조복하여 교화하기가 어려우며, 항상 교만한 마음을 품느니라. 전생의 복덕으로 영위되고 보호되는 것에 의지하여 금생에 악을 지으니, 복덕이 다 소멸하면 수명이 다하여 모든 악은 돌아서 그 과보가 자기에게로 돌아오느니라.

또한 그가 지은 죄업은 각자의 기록부에 기록되고 신명에 기억되어, 재앙과 허물을 끌어들이니, 죄업을 버리거나 떠날 수 없느니라. 이전의 행동으로 화탕지옥에 들어가 몸과 마음이 부서지면서 정신과 신체가 극심한 고통을 받을 것이니라. 이때를 당하여 후회해도 어찌 돌이킬 수 있겠느냐?

다섯째, 세간의 사람들은 한가하게 놀고 게을러서 선한 일을 하거나 몸을 다스리고 선업을 닦으려고 하지 않느니라. 부모의 가르침을 거역하는데, 마치 원수와 같아서 자식이 없는 것보다 못하느니라. 은혜를 저버리고 의로움을 거스르니 받을 보상이 없느니라. 방자하게 놀러 다니면서 주색에 빠지며, 미련하게 굴면서 도리에 맞지 않게 행동하며, 인정을 알지 못하느니라. 의(義)가 없고 예(禮)가 없어 교화하여 잘못을 깨닫게 할 수 없느니라. 육친권속들이 쓸 비용이 있거나 없거나 걱정하는 마음이 없느니라. 부모의 은혜를 생각하지 않고, 스승과 친구의 의로움을 간직하지 않느니라.

뜻과 몸과 입으로 일찍이 한 가지도 착한 일을 하지 않았느니라. 부처님의 경법을 믿지 않고, 생사와 선악의 인과도 믿지 않느니라. 참된 사람을 해치려고 하며, 스님들과 맞서거나 승가를 어지럽히느니라. 어리석고 우매하면서도 스스로 지혜롭다고 생각하며, 태어남은 어디로부터 오고 죽으면 어디로 가는지를 모르느니라. 중생에게 어질지도 않고 부모에게 효순하지도 않으면서 오래 살기를 바라느니라.

자비로운 마음으로 가르쳐도 믿으려고 하지 않으며, 좋은 말로 간곡하게 충고해도 그 사람을 이롭게 하지 못하느니라. 그 사람은 마음속이 막히고 어리석어 뜻으로 이해하지 못하느니라. 장차 목숨이 다하려고 하면 후회와 두려움이 교차하지만, 미리 선을 닦지 못했으니 죽을 때가 되어 곧 후회해도 이미 늦었으니, 장차 어찌 하겠느냐?

천지간에 다섯 세계가 분명하느니라. 선악의 보응으로 화와 복이 서로 이어져, 그 몸으로 스스로 화와 복을 받아야 하며, 대신해줄 사람은 아무도 없느니라. 착한 사람은 선한 일을 행하여 즐거운 곳에서 즐거운 곳으로 들어가고, 밝은 곳에서 밝은 곳으로 들어가느니라. 나쁜 사람은 악한 일을 행하여 괴로운 곳에서 괴로운 곳으로 들어가고 어두운 곳에서 어두운 곳으로 들어가느니라. 이를 누가 알 수 있겠느냐? 오직 부처님께서만 아시느니라.

부처님이 가르침을 열어도 믿고 행하는 자는 적으니라. 생사는 쉬지 않고 악도는 끊어지지 않느니라. 이와 같이 악을 짓는 세상 사람들을 일일이 다 말하기가 어려우니라. 그러한 까닭으로 자연히 삼악도가 있으며, 무량한 고통을 받으면서 그 가운데서 윤회하느니라. 세세생생 오랜 겁 동안 벗어날 기약이 없고 해탈하기 어려우니, 그 고통은 말로 다 할 수 없느니라.

이와 같은 다섯 가지 악〔五惡〕과 다섯 가지 고통〔五痛〕과 다섯 가지 태움〔五燒〕은 비유하면 큰불로 사람의 몸을 태우는 것과 같으니라. 만약 스스로 그러한 가운데서 일심으로 뜻을 제어하며, 몸을 단정하게 하고 생각을 바르게 하며, 언행이 서로 일치하여 지성으로 행하면서 홀로 모든 선을 행하고 갖가지 악을 짓지 않으면, 그 사람은 홀로 제도되고 해탈하여 그 복덕을 얻으며, 생사를 벗어나 장생하고 열반의 도를 얻을 것이니라. 이것이 다섯 가지 큰 선〔五大善〕이니라."

제
36

부처님께서
거듭
가르치시다

◉

부처님께서 미륵보살에게 말씀하셨다.

"내가 그대들에게 말하노니, 이와 같은 다섯 가지
악〔五惡〕과 다섯 가지 고통〔五痛〕과 다섯 가지 태움〔五燒〕
으로 업을 짓고 과보를 받으면서 윤회하고 서로 태어
나며, 미혹하여 감히 이러한 악을 범하면 마땅히 악도
의 고통을 겪게 되느니라.

혹은 금생에 먼저 병의 재앙으로 고통을 받으면서
죽지도 살지도 못하며, 여러 사람들에게 그러한 모습
을 보여주느니라. 혹은 수명을 마치고 삼악도에 들어

가 근심과 고통이 혹독하며, 스스로 불에 타게 되느니라. 함께 원수가 되어 더욱 서로 살상을 하는데, 이것은 아주 작은 것으로부터 시작되어 갈수록 어려움이 심하게 되느니라.

이러한 것은 모두 재물과 색을 탐착하여 보시하거나 베풀려고 하지 않고 각자 스스로 쾌락을 찾으려고 하며, 선악을 모르는 어리석은 욕심의 핍박으로 인하여 자기를 위하여 이익을 다투기 때문이니라. 부귀영화를 누릴 때는 즐거우나 인욕하지 못하고 선을 닦는 데 힘쓰지 않으니 위세는 얼마 지나지 않아서 소멸되느니라. 천도(天道)는 베풀고 열면서 선과 악을 자연히 규찰하니, 그런 사람들은 외롭고 황겁하게 삼악도의 가운데로 들어가느니라. 예나 지금이나 그러한 일이 많으니, 슬프고 슬프구나.

그대들은 부처님 경전의 말씀을 깊이 사유하여 각자 스스로 바르게 지키고, 평생토록 게으르지 않아야 하느니라. 성인을 존중하고 착한 사람을 공경하며, 인자하고 널리 사랑해야 하느니라. 마땅히 세상을 건너고 생사와 모든 악의 근본을 뽑아 끊어야 하며, 마땅히 삼악도의 근심과 두려움과 고통의 세계를 벗어나야 하느니라.

그대들이 선을 행하는 데 무엇이 제일이겠느냐? 마땅히 스스로 마음을 바르게 하고 몸을 바르게 하며, 귀와 눈과 입과 코를 모두 바르게 하는 것이니라. 몸과 마음을 정결하게 하여 선과 상응하도록 해야 하며, 좋아하는 것과 욕망을 따르지 말아야 하고 모든 악을 범하지 않아야 하느니라. 말은 부드럽게 하고 표정은 온화하게 하고, 몸가짐은 전일하게 집중하며, 동작과 위의는 안정되고 서서히 행동하여야 하느니라. 황급하고 경솔하게 일을 하면 나중에 실패할 것이며, 일을 하는 데 깊이 살피지 않으면 그 공을 잃게 되느니라.”

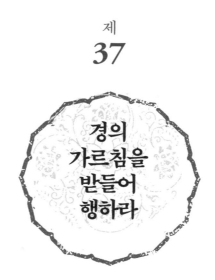

제
37

경의
가르침을
받들어
행하라

◉

"그대들은 널리 덕의 근본을 심고, 도의 금계를 범하지 말 것이며, 인욕하고 정진하며, 자비의 마음이 전일해야 하느니라. 이곳에서 하루 밤낮 동안 청정하게 재계를 지키는 것은 무량수국에서 백 년 동안 선을 행하는 것보다 뛰어나니라. 무엇 때문이겠느냐? 저 불국토는 모두 덕과 여러 선을 쌓으며 조금의 악도 없기 때문이니라. 이곳에서 십 일 밤낮으로 선을 닦는 것은 타방의 제불 국토에서 천 년 동안 선을 행하는 것보다 뛰어나니라. 무엇 때문이겠느냐? 타방의 불국토는 복덕

佛說大乘無量壽莊嚴清淨平等覺經

이 자연적이며 악을 지을 곳이 없기 때문이니라.

오직 이 사바세계의 세간에는 선은 적고 악은 많아서 고통의 독을 마시고 먹으며, 편안한 휴식을 맛보지 못하느니라. 나는 그대들을 불쌍히 여겨서 고심하여 가르치고 경법을 설하는 것이니라. 그대들은 모두 이 경법을 지니고 사유하여 받들어 행해야 하느니라. 존귀한 사람이거나 비천한 사람이거나 남녀, 권속, 친구 간에 서로 충고하고 가르쳐야 하느니라. 스스로 규율하고 점검하면서 화순하고 의리가 있어야 하며, 기쁘게 일체 중생에게 자비로우며, 부모와 스승, 어른에게 효도해야 하느니라.

행동에 범함이 있으면 스스로 허물을 뉘우치고, 악을 제거하고 선으로 나아가며, 아침에 좋은 말을 들으면 저녁에 자신의 행위를 고쳐야 하느니라. 경의 계율을 받들어 지니기를 마치 가난한 사람이 보물을 얻은 것처럼 하고, 이전의 잘못을 고치고 미래를 위하여 닦으며 마음을 씻고 행동을 고치면, 자연히 감화되고 조복되어 원하는 것을 순식간에 얻게 되리라.

부처님이 가는 나라와 도시와 마을은 교화를 입지 않은 곳이 없으리라. 천하가 화순하고 해와 달이 청명하며, 바람과 비가 때에 맞으며, 재난과 재해가 일어나지 않으리라. 나라가 풍요롭고 백성이 평안하며, 병사와 무기가 쓸모가 없어지리라. 덕을 숭상하고 인(仁)이 흥하여 예의와 양보를 힘써 닦으며, 나라에 도적이 없어지고 억울한 일이 없으리라. 강자가 약자를 괴롭히지 않고, 각자 자신의 자리에서 본분을 다하며 살게 되리라.

내가 그대들을 불쌍히 여기는 것은 부모가 자식을 생각하는 것보다 더 깊으니라. 나는 이 세계에서 부처가 되었으며, 선으로 악을 다스려 생사의 괴로움을 뽑게 하며, 다섯 가지 덕(五德)을 얻게 하고, 무위의 편안함에 오르게 하느니라. 내가 반열반에 들면 불법의 가르침은 점점 사라지게 되며, 사람들은 아첨과 거짓으로 다시 모든 악을 행하게 되리라. 다섯 가지 태움(五燒)과 다섯 가지 고통(五痛)이 오래 지난 후에는 더욱 심해질 것이니, 너희들은 서로를 가르치고 충고하며, 부처님의 경법을 범하지 않도록 하라."

미륵보살은 합장하고 부처님께 아뢰었다.

"세상 사람들의 악의 고통은 이와 같고 이와 같습니다. 부처님께서 자비로 불쌍히 여기시어 모두 제도하여 벗어나게 하시니, 부처님의 거듭된 가르침을 받아 감히 어기거나 잃어버리지 않겠습니다."

아미타
부처님께서
광명을
나타내다

부처님께서 아난에게 말씀하셨다.

"그대들이 무량청정평등각이신 무량수불과 모든 보살, 아라한 등과 거주하는 국토를 보려면, 응당 일어나 서방으로 해가 지는 곳을 향하여 공경스럽게 정례하면서 '나무아미타불'을 칭념해야 하느니라."

아난은 즉시 자리에서 일어나 서쪽을 향하여 합장하고 정례하면서 아뢰었다.

"저는 지금 극락세계 아미타불을 뵙고 공양하며 받들어 모시면서 갖가지 선근을 심기를 원하옵니다."

정례하는 사이에 갑자기 아미타불께서 나타났으며, 부처님의 용안은 광대하고 색상은 단엄하여 마치 황금의 산이 모든 세계 위로 높이 솟아난 것과 같았다. 또한 시방세계의 모든 부처님, 여래께서 아미타불의 갖가지 공덕과 변재가 막힘이 없고 설법이 끊어짐이 없음을 칭양하고 찬탄하는 소리가 들렸다. 아난이 아뢰었다.

"저 부처님의 청정한 국토는 아직 들은 적이 없고 본 적이 없으며, 저 또한 저 국토에 나기를 즐거이 원하옵니다."

부처님께서 말씀하셨다.

"그 가운데 왕생하는 자는 이미 일찍이 무량한 여러 부처님을 친근하여 많은 덕의 근본을 심었느니라. 그대가 저 국토에 나기를 원하면 응당 일심으로 귀의하고 우러르며 따라야 하느니라."

석가모니 부처님이 이 말씀을 하실 때 아미타불은 즉시 손바닥 가운데에서 무량한 광명을 놓아 일체의 제불세계를 두루 비추었으며, 모두 마치 8척(尺) 앞에 있는 것처럼 밝게 나타났다. 아미타불의 수승한 광명은 지극히 청정한 까닭으로 이 세계의 모든 흑산, 설산, 금강산, 철위산, 크고 작은 모든 산, 강, 숲, 천인의 궁전 등 일체 경계를 비추지 않는 곳이 없었다.

비유하면 태양이 떠올라 세간이나 구덩이, 계곡, 어두운 곳까지 밝게 비추며, 모두 크게 열려 한 가지 색으로 나타났다. 마치 겁의 물이 세상에 가득 차서 그 가운데 만물이 잠겨 들어 나타나지 않은 것과 같이 호호탕탕 넓고 넓어 오직 큰물만이 보이는 것과 같았다. 저 부처님의 광명도 이와 같았으며, 성문과 보살의 모든 광명은 가려졌으며, 오직 아미타불의 광명만이 밝게 드러났다.

이 법회의 사부대중과 천룡팔부, 사람과 사람이 아닌 중생 등 모두는 극락세계의 갖가지 장엄과 아미타불께서 높은 법좌에 앉아 위덕이 높고 높으며, 상호가 밝게 빛나고 성문과 보살들이 공경스럽게 둘러싸고 있는 것을 보았다. 마치 수미산이 바다 위에서 높이 솟아나 밝게 드러나고 청정하고 평평하고 바른 모습과 같았으며, 잡된 더러움과 다른 모습은 없었으며 오직 많은 보배로 장엄하고 성현이 함께 머물고 있었다.

아난과 모든 보살들은 크게 기뻐하고 용약하면서 머리가 땅에 닿도록 절을 하면서 '나무아미타불'을 칭념하였다. 모든 천인과 사람, 나아가 기고 날고 꿈틀거리는 축생에 이르기까지 이러한 광명을 보는 자는 모든 질병과 괴로움이 멈추지 않음이 없었으며, 일체의 근심과 고뇌에서 해탈하지 않음이 없었다. 모두 자비의 마음으로 선을 짓고 환희하고 즐거워하였다. 종과 경쇠, 금슬, 공후 등의 악기를 치지도 않았는데 저절로 다섯 가지 소리를 내었으며, 모든 부처님 국토 가운데 모든 천인과 사람은 각각 꽃과 향을 가지고 와서 허공에 뿌리면서 공양하였다.

이때 극락세계는 서방으로 백천 구지 나유타의 수많은 국토를 지나 멀리 떨어져 있지만, 부처님의 위신력으로 마치 눈앞에서 마주 보는 것과 같았으며, 마치 청정한 천안으로 8척(尺)이나 가까운 거리에 있는 것을 보는 것과 같았다. 저곳에서 이곳 사바세계의 국토를

보는 것도 이와 같았으며, 극락세계의 대중들도 모두
사바세계와 석가모니불께서 비구 대중들에게 둘러싸
여 설법하시는 것을 보았다.

제

39

미륵보살이
극락세계를
증명하다

◉

이때 부처님께서 아난과 미륵보살에게 말씀하셨다.

"그대는 극락세계의 궁전과 누각, 연못과 숲이 미묘하고 청정하고 장엄함을 갖춘 모습을 보았느냐? 그대는 욕계의 모든 천상과 위로는 색구경천에 이르기까지 여러 향과 꽃의 비가 온 불국토에 내리는 것을 보았느냐?"

아난이 대답하였다.

"네, 이미 보았습니다."

"그대는 아미타불이 큰 음성으로 일체 세계의 화생

한 중생들에게 선포하는 것을 들었느냐?"

아난이 대답하였다.

"네, 이미 들었습니다."

부처님께서 말씀하셨다.

"그대는 저 국토에서 청정한 행을 하는 대중들이 허공에서 노닐며, 궁전이 몸을 따르는 데 아무런 장애가 없으며, 시방세계에 두루 가서 모든 부처님을 공양하는 것을 보았느냐? 또한 저들이 계속 염불하는 것을 보았느냐? 그리고 많은 새들이 허공에 머물면서 갖가지 법을 설하는 소리를 내며, 이 새들은 모두 변화로 만들어진 것을 그대는 모두 보았느냐?"

자씨^(미륵)보살이 아뢰었다.

"부처님께서 말씀하신 대로 하나하나 모두 보았습니다."

부처님께서 미륵보살에게 말씀하셨다.

"저 나라의 중생 가운데 태생으로 나는 자가 있는데, 그것도 그대는 보았느냐?"

미륵보살이 아뢰었다.

"세존이시여, 저는 극락세계 사람 가운데 태에 머무는 자를 보았는데, 마치 야마천의 궁전에 머무는 것과 같았습니다. 또한 어떤 중생은 연꽃 안에서 결가부좌로 앉아 자연히 화생하는 것을 보았습니다. 무슨 인연으로 저 나라에는 태생하는 사람과 화생하는 사람이 있습니까?"

제
40

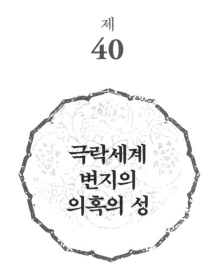

극락세계
변지의
의혹의 성

◉

부처님께서 자씨^(미륵)보살에게 말씀하셨다.

"만약 어떤 중생이 의심하고 미혹하는 마음으로 여러 공덕을 닦으면서 저 국토에 나기를 원한다면, 부처님의 지혜는 사의^(思議)할 수 없는 지혜이며, 일컬을 수 없는 지혜이며, 대승의 넓은 지혜이며, 같은 것이 없고 비할 바가 없는 최상의 수승한 지혜임을 이해하지 못하는 것이니라. 이러한 모든 지혜를 의심하고 미혹하며 믿지 못하면서 오히려 죄와 복을 믿고 선의 근본을 닦아 익히면서 저 극락국토에 나기를 원하는 것이니라.

그리고 어떤 중생은 선근을 쌓아 모으면서 부처님의 지혜, 보편의 지혜, 무등(無等)의 지혜, 위덕이 광대하고 부사의(不思議)한 지혜를 희구하지만, 자신의 선근[67]에 대해서는 믿음을 낼 수 없느니라. 그러므로 청정한 불국토에 왕생하려는 의지가 머뭇거리고 주저하며 전일한 근거가 없어 믿지 못하느니라. 그러나 오히려 염불이 끊어지지 않고 계속되며 그의 선한 원을 이루는 것을 근본으로 삼으므로 이어서 왕생하게 되느니라.

이러한 모든 사람들은 그러한 인연으로 비록 그 나라에 왕생할지라도, 무량수불의 처소에는 이르지 못하고 불국토의 변경에 있는 칠보성 가운데 멈추게 되느니라. 이것은 부처님이 그렇게 시키는 것이 아니고 자기 자신의 몸으로 짓는 행위와 마음이 스스로 향하기 때문이니라. 또한 그곳에도 보배 연못의 연꽃이 있어 자연히 몸을 받고 음식과 즐거움이 마치 도리천과 같으니라.

그 성 가운데서 나오지 못하고, 거주하는 집은 땅에 있어서 마음대로 높고 크게 하지 못하느니라. 오백 세 동안 항상 부처님을 뵙지 못하고 경법을 듣지 못하며, 보살과 성문의 성스러운 대중을 보지 못하느니라. 그 사람은 지혜가 밝지 못하고 경을 아는 것 또한 적어 마음이 열리지 못하고 뜻이 즐겁지 못하느니라. 이러한 까닭으로 그들을 태생이라고 하느니라.

만약 어떤 중생이 부처님의 지혜 혹은 수승한 지혜를 밝게 믿어 의혹을 끊어 제거하고, 자기의 선근을 믿고 여러 공덕을 지어 지극한 마음으로 회향하면, 모두 칠보의 연꽃 가운데 가부좌로 앉아 자연히 화생하게 되느니라. 잠깐 사이에 몸의 모습이 빛나고 지혜와 공덕이 모든 보살들과 같이 구족하여 성취하게 되느니라.

미륵은 마땅히 알아야 하느니라. 화생(化生)하는 자는 지혜가 수승한 까닭이며, 저 태생(胎生)하는 자는 오백 세 동안 삼보를 뵙지 못하고 보살의 법식을 알지 못하며, 공덕을 닦아 익힐 수 없으므로 무량수불을 받들어 섬길 인이 없느니라. 마땅히 알아야 하느니라. 이 사람은 과거세에 지혜가 없어 의혹한 까닭이니라."

제
41

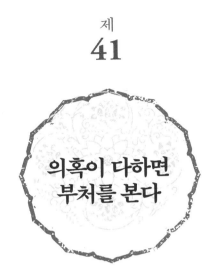

의혹이 다하면
부처를 본다

◉

"비유하면 전륜성왕에게 있는 칠보의 감옥과 같으
니라. 왕자가 죄를 지으면 그 감옥에 감금하는데, 겹으
로 된 누각과 비단으로 꾸민 전각, 보배의 휘장과 금으
로 만든 침상이 있고, 난간과 창문과 의자는 기이한 보
배로 미묘하게 장식하였으며, 음식과 의복은 전륜왕과
같으니라. 그러나 금사슬로 두 발을 묶어두었으니, 모
든 작은 왕자들이 이러한 것을 편안하고 즐겁다고 하
겠느냐?"

자씨(미륵)보살이 아뢰었다.

"아닙니다, 세존이시여. 저 어두운 곳에 갇혀 있을 때 마음은 자재하지 못하여 갖가지 방편으로 그곳을 벗어나려고 여러 가까운 신하에게 구하나 끝내 마음대로 되지 않을 것입니다. 전륜왕이 즐거이 석방을 해야 비로소 해탈을 얻을 수 있을 것입니다."

부처님께서 미륵보살에게 말씀하셨다.

"이러한 모든 중생도 이와 같으니라. 만약 의혹과 후회에 떨어져서 부처님의 지혜나 혹은 광대한 지혜를 희구하지 못하고, 자기의 선근을 믿지는 못하지만, 그러나 부처님의 명호를 들음으로 인하여 믿음을 일으킨 까닭으로 비록 저 국토에 왕생할지라도, 연꽃 가운데에 출현하지 못하고 저 연꽃의 태에 처하게 되며, 마치 정원과 궁전에 갇힌 것과 같으니라.

무엇 때문이겠느냐? 저 가운데는 청정하여 아무런 더러움이 없으나 오백 세 동안 삼보를 뵙지 못하고, 제불을 공양하거나 받들어 섬기지 못하여 일체의 수승한 선근을 멀리 떠나 닦지 못하기 때문이니라. 이러한 것을 괴로움으로 여겨서 즐거움이 생기지 않느니라.

만약 이러한 중생이 그 죄의 근본을 알고 스스로 깊이 뉘우치면서 그곳을 벗어나려고 하면, 과거세의 과실이 모두 다한 연후에 비로소 벗어나게 되느니라. 그리하여 즉시 무량수불이 법문하는 곳에 이르러 경법을 들으며 시간이 오래 지나면 마음이 열려 즐거우며, 또한 무수하고 무량한 제불을 두루 공양하고 모든 공덕을 닦게 되느니라.

그대 아일다는 마땅히 알아야 하느니라. 의혹은 모든 보살에게 큰 손해가 되며, 큰 이로움을 잃는 것이니라. 이러한 까닭으로 응당 제불의 무상의 지혜를 밝게 믿어야 하느니라."

자씨보살이 아뢰었다.

"어찌하여 이 사바세계의 중생 가운데 한 종류는 비록 선을 닦지만 극락세계의 왕생을 구하지 않습니까?"

부처님께서 자씨보살에게 말씀하셨다.

"이러한 중생들은 지혜가 미천하여 서방극락세계를 천상의 세계에 미치지 못하고, 즐겁지 않은 것으로 분별하기 때문에 왕생을 구하지 않느니라."

자씨보살이 아뢰었다.

"이러한 중생들은 허망하게 분별하여 불국토에 왕생하기를 구하지 않으니, 어찌 윤회를 면할 수 있겠습니까?"

부처님께서 말씀하셨다.

"저들이 심은 선근으로는 상(相)을 떠날 수 없어 부처님의 지혜를 구하지 않으며, 세간의 즐거움과 인간의 복의 과보를 깊이 탐착하기 때문에 비록 다시 복을 닦아서 인간과 천상의 과보를 얻을 때에는 일시적으로 풍족하나, 삼계의 감옥에서 벗어날 수 없는 것이니라. 가령 부모와 처자, 남녀권속이 서로 구제하고 벗어나려고 해도, 사견과 업의 왕을 떠날 수 없어 항상 윤회에 처하게 되며 자재하지 못하느니라. 그대는 어리석은 사람이 선근을 심지 않고 단지 세지변총(世智辯聰)으로 삿된 마음을 증가하는 것을 볼 것이니라. 그들이 어찌 생사의 큰 재난을 벗어날 수 있겠느냐?

또한 어떤 중생은 비록 선근을 심고 큰 복전을 짓지만, 상(相)을 취하여 분별하며 정(情)의 집착이 깊고 무거워서 윤회를 벗어나고자 하지만, 끝내 벗어날 수 없느니라. 만약 무상(無相)의 지혜로써 많은 덕의 근본을 심으면, 몸과 마음이 청정하고 분별을 멀리 떠나며, 청정한 불국토에 왕생하여 부처의 깨달음에 나아가기를 구하면, 장래 불국토에 왕생하여 영원히 해탈을 얻을 것이니라."

제
42

시방세계의 보살들이 왕생하다

◉

미륵보살이 부처님에게 아뢰었다.

"지금 이 사바세계와 모든 부처님 국토에서 미래에 극락세계에 왕생할 불퇴전 보살의 수는 얼마입니까?"

부처님께서 미륵보살에게 말씀하셨다.

"이 세계의 칠백이십 억 보살은 이미 무수한 많은 부처님을 공양하고 많은 덕의 근본을 심어서 미래에 저 극토에 왕생할 것이며, 모든 작은 행의 보살들은 공덕을 닦고 익히고 있으니, 미래에 왕생할 자는 헤아릴 수 없느니라. 나의 불세계의 모든 보살들이 저 국토에

佛說大乘無量壽莊嚴清淨平等覺經

1
8
3

왕생할 뿐 아니라 타방의 불국토에서도 또한 이와 같으니라.

원조불찰(遠照佛刹)에서 십팔 구지 나유타의 수많은 보살마하살들이 저 국토에 왕생할 것이니라. 동북방에 있는 보장불찰(寶藏佛刹)에서 구십 억의 불퇴전보살들이 저 국토에 왕생할 것이니라. 무량음불찰(無量音佛刹), 광명불찰(光明佛刹), 용천불찰(龍天佛刹), 승력불찰(勝力佛刹), 사자불찰(師子佛刹), 이진불찰(離塵佛刹), 덕수불찰(德首佛刹), 인왕불찰(仁王佛刹), 화당불찰(華幢佛刹)에서 왕생할 불퇴전보살의 수는 수십 백 억, 혹은 백천 억 혹은 만 억에 이를 것이니라.

열두 번째 불국토의 이름은 무상화(無上華)이며, 그곳에는 무수히 많은 보살들이 있으며 모두 불퇴전보살이니라. 지혜가 용맹하여 이미 이전에 무량한 제불을 공양하였으며, 큰 정진을 갖추고 일승의 불도에 마음을 발하여 수행하고 있느니라. 칠 일 동안 염불 수행하여 즉시 대보살께서 백천 억 겁 동안 닦으신 견고한 법을 받아들이고 취할 수 있으며, 이들 보살들은 모두 미래에 왕생할 것이니라.

열세 번째 불국토의 이름은 무외(無畏)라고 하느니라. 그곳에는 칠백구십 억의 대보살들이 있으며, 작은 보살들과 비구들은 셀 수도 없을 정도로 많으며, 그들 모두 극락세계에 왕생할 것이니라. 시방세계의 모든 부처님 명호와 미래에 왕생할 보살들의 이름만 말하려고 해도, 겁을 다하여 말해도 다할 수 없을 것이니라."

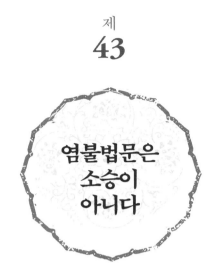

**염불법문은
소승이
아니다**

◉

부처님께서 자씨보살에게 말씀하셨다.

"그대는 극락세계 가운데 모든 보살마하살들이 이
익을 잘 얻는 것을 보아라. 만약 선남자와 선여인이 아
미타불의 명호를 듣고 한 생각 즐거워하고 좋아하는
마음을 내어, 귀의하고 우러러보며 절을 하고 이 경의
말씀과 같이 수행하면, 이 사람은 큰 이익을 얻을 것을
알아야 하느니라. 이 사람은 위에서 말한 공덕을 얻어
마음에 하열함이 없고 또한 아만이 없어 선근을 성취
할 것이며, 모두 선근이 증장하고 향상될 것이니라. 이

사람은 소승인(小乘人)이 아니라는 것을 알아야 하며, 나의 법 중에서 제일의 제자라고 할 수 있을 것이니라.

　이러한 까닭으로 그대들 천인과 인간, 아수라 등에게 말하노니, 마땅히 즐거이 닦고 익혀서 희유하다는 마음을 내어야 할 것이며, 이 경 가운데 인도하는 스승이 있다는 생각을 내어야 하느니라. 그리하여 무량한 중생들이 속히 불퇴전의 보살 지위를 얻게 할 것이니라. 아울러 저 광대하고 장엄한 모습을 보고 수승한 극락세계의 원만한 공덕을 섭수하려는 자는 마땅히 정진심을 일으켜 이 법문을 들어야 하느니라. 이 법문을 구하는 까닭으로 물러나거나 아첨하고 거짓의 마음을 내지 않아야 하며, 설령 큰불에 들어가더라도 의심하거나 후회하는 마음을 내어서는 안 되느니라.

　무엇 때문이겠느냐? 저 무량한 수억의 모든 보살들은 모두 이 미묘한 법문을 구하고 존중하고 듣기를 구하며, 어기려는 마음을 내지 않기 때문이니라. 많은 보살들이 이 경을 들으려고 하지만 들을 수 없느니라. 이러한 까닭으로 그대들은 응당 이 법을 구하여야 하느니라."

제
44

보리의
수기를 받다

◉

"만약 미래세나 혹은 정법이 멸할 때, 어떤 중생이 많은 선의 근본을 심고 이미 무량한 제불에게 공양하였으면, 저 여래의 위신력이 더해진 까닭으로 이와 같은 광대한 법문을 얻을 수 있으리라. 섭수하고 수지하여 광대한 일체의 지혜[68]를 얻으리라. 저 법 가운데서 광대한 수승한 이해로 큰 환희심을 얻어 남을 위하여 설할 것이며, 항상 즐겁게 수행하리라.

많은 선남자와 선여인 가운데 이 법에서 만약 이미 극락왕생을 구하였거나 지금 구하거나 미래에 구할 자는 모두 좋은 이익을 얻으리라. 그대들은 마땅히 이 법문에 마음을 안주하여 의심하지 않고, 많은 선의 근본을 심으며, 항상 수습하여 의심을 끊고 일체의 갖가지 진기한 보배로 이루어진 감옥에 들어가지 않아야 하느니라.

아일다여, 이와 같은 큰 위덕을 가진 자는 불법에서 광대한 다른 법문을 닦을 수 있으며, 이 법문을 듣지 않은 까닭으로 일 억의 보살이 무상정등정각에서 퇴전하리라. 만약 어떤 중생이 이 경전을 서사하고 공양하며 수지하고 독송하며, 잠시라도 남을 위하여 연설하고 권하여 듣게 하여 근심과 번뇌를 내지 않게 하거나 또는 밤낮으로 저 극락세계와 아미타불의 공덕을 사유하면, 무상의 도에서 끝내 물러나지 않으리라.

저 사람은 임종 시에 가령 삼천대천세계에 큰불이 가득 차 있다고 해도 또한 벗어나 저 국토에 왕생하리라. 이 사람은 이미 과거에 부처님을 만나 성불의 수기를 받았으며, 일체의 여래께서도 다 같이 칭찬하는 바이니라. 이러한 까닭으로 마땅히 전심으로 믿고 받아들여 수지 독송하며 남을 위하여 설하고 수행해야 하리라."

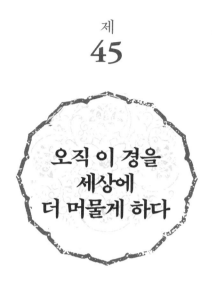

"나는 지금 모든 중생을 위하여 이 경법을 설하여 무량수불과 그 국토의 모든 것을 보게 하였느니라. 미래에 법대로 행하는 자는 그것을 모두 구할 수 있으리라. 내가 열반에 든 후 다시 의혹의 마음을 내어서는 안 되느니라. 미래세에 불경과 도가 다 소멸하여도 나는 자비로 불쌍히 여겨 특별히 이 경전을 백 년 동안 더 머물게 하리라. 그때에 어떤 중생이라도 이 경전을 만나는 자는 원하는 바를 따라 모두 제도받을 수 있으리라.

여래가 세상에 나오는 것은 때에 맞추어 만나기 어렵고 직접 뵙기 어려우며, 모든 불경과 수행법도 얻기 어렵고 듣기 어려우니라. 선지식을 만나 불법을 듣고 능히 행하는 것도 또한 어려우니라. 이 경을 듣더라도 믿고 즐거이 수지하는 것은 어려운 가운데 더욱 어려운 일이며, 이것보다 더 어려운 일은 없으리라.

만약 어떤 중생이 아미타불을 염하는 소리를 듣고, 자비로운 마음과 청정한 마음을 내며, 날듯이 환희하고 몸의 털이 서거나 혹은 눈물이 나는 자는 모두 전생에서부터 일찍이 불도를 닦은 사람이니, 그러므로 보통 사람이 아니니라.

만약 부처님의 명호를 듣고 마음속에 의혹이 일어나거나, 부처님의 경전말씀을 믿지 않는 자는 모두 악도에서 태어난 자들이니라. 그들은 숙세의 사견(邪見)이 아직 다하지 못하여 제도되어 벗어날 수 없으리라. 그러므로 마음에서 의심이 일어나 정토법문을 믿지 않고 수행하지 않는 것이니라."

제
46

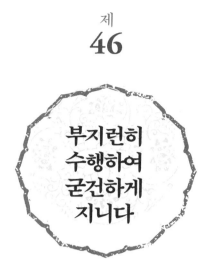

부지런히
수행하여
굳건하게
지니다

·

부처님께서 미륵보살에게 말씀하셨다.

"제불여래의 위없는 법인 십력(十力), 사무소외(四無
所畏), 무애(無礙), 무착(無著)의 깊고 깊은 법과 바라밀 등
보살의 법은 쉽게 만나기 어려우니라. 법을 능히 설할
수 있는 사람이라도 또한 이 법을 열어서 보이기 어려
우며, 이 법에 견고하고 깊은 믿음을 가진 사람도 또한
때에 맞추어 만나기 어려우니라. 나는 지금 이치에 따
라 이와 같은 광대하고 미묘한 법문을 선설하며, 일체
의 제불께서 이 법문을 칭찬하시니라. 그대들이 이 법

문의 큰 수호자가 될 것을 부촉하노라.

　　모든 유정을 위하여 윤회하는 긴 밤 동안 이익을 주어 중생으로 하여금 다섯 세계에 떨어져 위험과 괴로움을 받지 않게 해야 하느니라. 마땅히 부지런히 수행하여 나의 가르침을 수순하고 부처님에게 효순하며, 항상 스승의 은혜를 생각하여야 하느니라. 마땅히 이 법이 오랫동안 소멸되지 않고 머물도록 하며, 이 법을 굳건하게 지니고 훼실(毀失)되지 않도록 해야 하느니라. 망령되게 경법을 더하거나 빼서는 안 되며, 항상 끊어지지 않게 염하면 속히 도를 얻을 것이니라.

　　나의 법은 이와 같으니, 이와 같이 말하는 것이니라. 아미타여래가 행하는 바를 따라 마땅히 행할 것이며, 선근을 심고 복덕을 닦아서 극락정토에 왕생하기를 구해야 하느니라.”

제

47

복과 지혜를
처음으로 듣다

◉

이때 세존께서 게송으로 말씀하셨다.

만약 이전에 복과 지혜 닦지 않으면,
이러한 정법을 들을 수 없으리.
많은 여래께 이미 공양하였으면,
이 경전의 말씀을 즐거이 믿을 수 있으리.

악하고 교만하며 게으르고 사견 가지면,
여래의 미묘법 믿기 어려우니,

비유하면 맹인이 항상 어두움에 처하듯
다른 길로 인도받을 수 없으리라.

오직 이전에 부처님께 많은 선근을 심어야
비로소 세상을 구제하는 행을 닦을 수 있으며
듣고 이미 수지하고 서사하며
독송하고 찬탄하며 연설하고 공양하리라.

이와 같이 일심으로 청정국토 구하면
반드시 극락국토에 왕생하리니,
가령 큰불이 삼천세계에 가득하여도
부처님의 위덕으로 모두 벗어날 수 있으리.

여래의 깊고 넓은 지혜의 바다는
오직 부처님과 부처님만이 알 수 있으며
성문은 억겁 동안 부처님의 지혜 생각하여
그의 신력을 다하여도 헤아릴 수 없네.

佛說大乘無量壽莊嚴淸淨平等覺經

아미타여래의 공덕은 부처님만 스스로 알고
오직 세존만이 법을 설할 수 있으며
사람의 몸 얻기 어렵고 부처님 만나기 어려우며
부처님 지혜 믿고 법을 듣기는 어려운 가운데 어렵네.

만약 모든 유정이 부처가 되려고 하면
보현의 행을 뛰어넘어 피안에 오를 것이니,
이러한 까닭으로 널리 들은 모든 지혜로운 자는
응당 나의 가르침과 여실한 말씀을 믿어야 하리.

이와 같은 묘법을 다행히 들었으면
마땅히 항상 염불하고 즐거움 내어 수지하면서
널리 생사의 윤회 속에 있는 중생을 제도해야
부처는 이런 사람을 참된 선우라고 말하네.

경을 듣고
큰
이익을 얻다

　이때 세존께서 이 경법을 설하시자, 천상과 세간의 만이천 나유타 억의 중생이 번뇌를 멀리 떠나 법안정을 얻었다. 이십 억의 중생이 아나함과를 얻었으며, 육천팔백의 비구가 모든 번뇌를 다하고 마음으로 해탈을 얻었다. 사십 억의 보살이 무상의 깨달음에서 불퇴전의 지위에 머물고 큰 서원과 공덕으로 스스로를 장엄하였다. 이십오 억의 중생이 불퇴의 인(忍)을 얻었다.

　사만 억 나유타 백천의 중생이 무상의 깨달음에서 아직 발하지 못한 뜻을 오늘 처음으로 발하여 갖가지

선근을 심어서 극락세계에 왕생하여 아미타불 친견하기를 발원하였다. 그들은 모두 저 여래의 국토에 왕생할 것이며, 각각 다른 곳에서 순서대로 성불할 것이며, 명호는 다 같이 묘음여래라고 할 것이다.

그리고 시방의 불국토에서 만약 현재생과 미래생에서 아미타불을 보려는 자 가운데 시방의 불국토마다 각각 팔만 구지 나유타의 사람들은 법인을 얻고 무상의 깨달음을 얻을 것이라는 수기를 받았다. 저 모든 유정은 모두 아미타불의 숙세의 원과 인연으로 극락세계에 왕생할 것이다.

이때 삼천대천세계가 여섯 가지로 진동하고, 아울러 갖가지 희유한 신통변화가 나타났으며, 큰 광명을 놓아서 널리 시방세계를 비추었다. 그리고 다시 모든 천인들이 허공에서 미묘한 음악으로 따라 즐거워하는 소리를 내었으며, 또한 색계의 모든 천인들은 모두 듣고 미증유함을 찬탄하면서 무량한 미묘한 꽃을 분분히 뿌렸다. 존자 아난과 미륵보살, 모든 보살, 성문, 천룡팔부 등 일체의 대중들은 부처님의 말씀을 듣고 모두 크게 기뻐하면서 믿고 받아들여 봉행하였다.

불설대승무량수장엄청정평등각경 끝
佛說大乘無量壽莊嚴淸淨平等覺經 終

발일체업장근본득생정토다라니
拔一切業障根本得生淨土陀羅尼

나무 아미타바야 다타가다야 다지야타 아미리도바비
아미리다 싯담바비 아미리다 비가란제 아미리다 비가란다
가미니 가가나 깃다가례 사바하 (3번)

회향게
廻 向 偈

이 무량수경의 독송 공덕으로
불국정토(佛國淨土)를 장엄하며
위로는 네 가지의 무거운 은혜를 갚고
아래로는 삼악도의 고통 구제하기를 원하옵니다.
만약 이 경을 보고 듣는 자는
모두 보리심(菩提心)을 발하고
이 보신(報身)이 다하면
다함께 극락세계에 왕생하기를 원하옵니다.

願以此功德 莊嚴佛淨土
上報四重恩 下濟三塗苦
若有見聞者 悉發菩提心
盡此一報身 同生極樂國

불설대승무량수장엄청정평등각경
佛說大乘無量壽莊嚴淸淨平等覺經

○

한문편

『**무량청정평등각경**(無量清淨平等覺經)』
후한(後漢) 월지국 사문 지루가참(支婁迦讖) 역

–

『**불설제불아미타삼야삼불살루불단과도인도경**
(佛說諸佛阿彌陀三耶三佛薩樓佛檀過度人道經)』
오(吳) 월지국 우바새 지겸(支謙) 역

–

『**무량수경**(無量壽經)』
위(魏) 인도 사문 강승개(康僧鎧) 역

–

『**무량수여래회**(無量壽如來會)』
당(唐) 남인도 삼장법사 보리류지(菩提流支) 역

–

『**불설대승무량수장엄경**(佛說大乘無量壽莊嚴經)』
송(宋) 사문 법현(法賢) 역

보살계제자 운성(鄆城)의 하련거가
위의 다섯 번역본을 회집하다

제일 법회성중
第一 法會聖衆

여시아문 일시불재왕사성 기사굴산중 여대비구중
如是我聞 一時佛在王舍城 耆闍崛山中 與大比丘衆

만이천인구。 일체대성 신통이달。 기명왈 존자교진
萬二千人俱。 一切大聖 神通已達。 其名曰 尊者憍陳

여 존자사리불 존자대목건련 존자가섭 존자아난
如 尊者舍利佛 尊者大目犍連 尊者迦葉 尊者阿難

등 이위상수。 우유보현보살 문수사리보살 미륵
等 而爲上首。 又有普賢菩薩 文殊師利菩薩 彌勒

보살 급현겁중일체보살 개래집회。
菩薩 及賢劫中一切菩薩 皆來集會。

제이 덕준보현
第二 德遵普賢

우현호등십육정사 소위선사유보살 혜변재보살
又賢護等十六正士 所謂善思惟菩薩 慧辯才菩薩

관무주보살 신통화보살 광영보살 보당보살 지
觀無住菩薩 神通華菩薩 光英菩薩 寶幢菩薩 智

상보살 적근보살 신혜보살 원혜보살 향상보살
上菩薩 寂根菩薩 信慧菩薩 願慧菩薩 香象菩薩

보영보살 중주보살 제행보살 해탈보살 이위상
寶英菩薩　中住菩薩　制行菩薩　解脫菩薩　而爲上

수。 함공준수보현대사지덕　구족무량행원　안주일
首。　咸共遵修普賢大士之德　具足無量行願　安住一

체공덕법중。 유보시방　행권방편　입불법장　구경
切功德法中。　遊步十方　行權方便　入佛法藏　究竟

피안。 원어무량세계성등정각。 사도솔강왕궁　기
彼岸。　願於無量世界成等正覺。　捨兜率降王宮　棄

위출가　고행학도　작사시현　순세간고。 이정혜력
位出家　苦行學道　作斯示現　順世間故。　以定慧力

항복마원　득미묘법　성최정각。 천인귀앙　청전법
降伏魔怨　得微妙法　成最正覺。　天人歸仰　請轉法

륜　상이법음　각제세간　파번뇌성　괴제욕참　세탁
輪　常以法音　覺諸世間　破煩惱城　壞諸欲塹　洗濯

구오　현명청백。 조중생　선묘리　저공덕　시복전
垢汚　顯明淸白。　調衆生　宣妙理　貯功德　示福田

이제법락　구료삼고。 승관정계　수보리기　위교보
以諸法樂　救療三苦。　昇灌頂階　授菩提記　爲敎菩

살　작아사리　상습상응무변제행　성숙보살무변선
薩　作阿闍黎　常習相應無邊諸行　成熟菩薩無邊善

근。 무량제불함공호념。 제불찰중　개능시현　비
根。　無量諸佛咸共護念。　諸佛刹中　皆能示現　譬

선환사　현중이상　어피상중　실무가득。 차제보살
善幻師　現衆異相　於彼相中　實無可得。　此諸菩薩

역부여시。 통제법성　달중생상　공양제불　개도군
亦復如是。　通諸法性　達衆生相　供養諸佛　開導羣

생　화현기신　유여전광。　열마견망　해제전박　원
生　化現其身　猶如電光。　裂魔見網　解諸纏縛　遠

초성문벽지불지。　입공무상무원법문　선입방편　현
超聲聞辟支佛地。　入空無相無願法門　善立方便　顯

시삼승。　어차중하　이현멸도。　득무생무멸제삼마
示三乘。　於此中下　而現滅度。　得無生無滅諸三摩

지　급득일체다라니문。　수시오입화엄삼매　구족총
地　及得一切陀羅尼門。　隨時悟入華嚴三昧　具足總

지백천삼매。　주심선정　실도무량제불。　어일념경
持百千三昧。　住深禪定　悉睹無量諸佛。　於一念頃

편유일체불토。　득불변재　주보현행　선능분별중생
偏遊一切佛土。　得佛辯才　住普賢行　善能分別衆生

어언　개화현시진실지제。　초과세간제소유법　심상
語言　開化顯示眞實之際。　超過世間諸所有法　心常

체주도세지도。　어일체만물　수의자재　위제서류
諦住度世之道。　於一切萬物　隨意自在　爲諸庶類

작불청지우。　수지여래심심법장　호불종성상사부
作不請之友。　受持如來甚深法藏　護佛種性常使不

절。　흥대비　민유정　연자변　수법안　두악취　개선
絶。　興大悲　愍有情　演慈辯　授法眼　杜惡趣　開善

문。　어제중생　시약자기　증제부하　개도피안。　실
門。　於諸衆生　視若自己　拯濟負荷　皆度彼岸。　悉

획제불무량공덕　지혜성명　불가사의。　여시등제대
獲諸佛無量功德　智慧聖明　不可思議。　如是等諸大

보살　무량무변　일시래집。　우유비구니오백인　청
菩薩　無量無邊　一時來集。　又有比丘尼五百人　清

신사칠천인 청신녀오백인。 욕계천 색계천 제천
信士七千人 淸信女五百人。 欲界天 色界天 諸天

범중 실공대회。
梵衆 悉共大會。

제삼 대교연기
第三 大敎緣起

이시세존 위광혁혁 여융금취。 우여명경영창표
爾時世尊 威光赫奕 如融金聚。 又如明鏡影暢表

리 현대광명수천백변。 존자아난 즉자사유。 금일
裏 現大光明數千百變。 尊者阿難 卽自思惟。 今日

세존 색신제근열예청정 광안외외 보찰장엄。 종
世尊 色身諸根悅豫淸淨 光顔巍巍 寶刹莊嚴。 從

석이래 소미증견 희득첨앙 생희유심。 즉종좌
昔以來 所未曾見 喜得瞻仰 生希有心。 卽從座

기 편단우견 장궤합장 이백불언。 세존금일입대
起 偏袒右肩 長跪合掌 而白佛言。 世尊今日入大

적정 주기특법 주제불소 주도사지행 최승지도。
寂定 住奇特法 住諸佛所 住導師之行 最勝之道。

거래현재불불상념 위념과거미래제불야。 위념현
去來現在佛佛相念 爲念過去未來諸佛耶。 爲念現

재타방제불야。 하고위신현요 광서수묘내이 원위
在他方諸佛耶。 何故威神顯耀 光瑞殊妙乃爾 願爲

佛說大乘無量壽莊嚴淸淨平等覺經

선설。 어시세존 고아난언 선재선재 여위애민이
宣說。 於是世尊 告阿難言 善哉善哉 汝爲哀愍利

락제중생고 능문여시미묘지의。 여금사문 승어
樂諸衆生故 能問如是微妙之義。 汝今斯問 勝於

공양일천하아라한벽지불 보시누겁。 제천인민연
供養一天下阿羅漢辟支佛 布施累劫。 諸天人民蜎

비연동지류 공덕백천만배。 하이고。 당래제천인
飛蠕動之類 功德百千萬倍。 何以故。 當來諸天人

민 일체함령 개인여문이득도탈고。 아난 여래이
民 一切含靈 皆因汝問而得度脫故。 阿難 如來以

무진대비긍애삼계 소이출흥어세 광천도교 욕증
無盡大悲矜哀三界 所以出興於世 光闡道教 欲拯

군맹 혜이진실지리。 난치난견 여우담화 희유출
羣萌 惠以眞實之利。 難値難見 如優曇花 希有出

현。 여금소문 다소요익。 아난당지。 여래정각 기
現。 汝今所問 多所饒益。 阿難當知。 如來正覺 其

지난량 무유장애。 능어념경 주무량억겁 신급제
智難量 無有障礙。 能於念頃 住無量億劫 身及諸

근 무유증감。 소이자하 여래정혜 구창무극 어
根 無有增減。 所以者何 如來定慧 究暢無極 於

일체법 이득최승자재고。 아난체청 선사념지 오
一切法 而得最勝自在故。 阿難諦聽 善思念之 吾

당위여 분별해설。
當爲汝 分別解說。

제사 법장인지
第四 法藏因地

불고아난。 과거무량불가사의 무앙수겁 유불출세
佛告阿難。 過去無量不可思議 無央數劫 有佛出世

명세간자재왕여래 응공 등정각 명행족 선서 세
名世間自在王如來 應供 等正覺 明行足 善逝 世

간해 무상사 조어장부 천인사 불세존。 재세교
間解 無上士 調御丈夫 天人師 佛世尊。 在世教

수사십이겁 시위제천급세인민설경강도。 유대국
授四十二劫 時爲諸天及世人民說經講道。 有大國

주명세요왕 문불설법 환희개해 심발무상진정도
主名世饒王 聞佛說法 歡喜開解 尋發無上眞正道

의。 기국연왕 행작사문 호왈법장。 수보살도 고
意。 棄國捐王 行作沙門 號曰法藏。 修菩薩道 高

재용철 여세초이 신해명기 실개제일。 우유수승
才勇哲 與世超異 信解明記 悉皆第一。 又有殊勝

행원 급염혜력 증상기심 견고부동 수행정진 무
行願 及念慧力 增上其心 堅固不動 修行精進 無

능유자。 왕예불소 정례장궤 향불합장 즉이가타
能踰者。 往詣佛所 頂禮長跪 向佛合掌 卽以伽他

찬불 발광대원。 송왈。
讚佛 發廣大願。 頌曰。

여래미묘색단엄　　일체세간무유등
如來微妙色端嚴　　一切世間無有等

광명무량조시방　　일월화주개익요。
光明無量照十方　　日月火珠皆匿曜。

세존능연일음성　　유정각각수류해
世尊能演一音聲　　有情各各隨類解

우능현일묘색신　　보사중생수류견。
又能現一妙色身　　普使衆生隨類見。

원아득불청정성　　법음보급무변계
願我得佛淸淨聲　　法音普及無邊界

선양계정정진문　　통달심심미묘법。
宣揚戒定精進門　　通達甚深微妙法。

지혜광대심여해　　내심청정절진로
智慧廣大深如海　　內心淸淨絶塵勞

초과무변악취문　　속도보리구경안。
超過無邊惡趣門　　速到菩提究竟岸。

무명탐진개영무　　혹진과망삼매력
無明貪瞋皆永無　　惑盡過亡三昧力

역여과거무량불 위피군생대도사。
亦如過去無量佛 爲彼羣生大導師。

능구일체제세간 생로병사중고뇌
能救一切諸世間 生老病死衆苦惱

상행보시급계인 정진정혜육바라。
常行布施及戒忍 精進定慧六波羅。

미도유정영득도 이도지자사성불
未度有情令得度 已度之者使成佛

가령공양항사성 불여견용구정각。
假令供養恒沙聖 不如堅勇求正覺。

원당안주삼마지 항방광명조일체
願當安住三摩地 恒放光明照一切

감득광대청정거 수승장엄무등륜。
感得廣大清淨居 殊勝莊嚴無等倫。

윤회제취중생류 속생아찰수안락
輪廻諸趣衆生類 速生我刹受安樂

상운자심발유정 도진무변고중생。
常運慈心拔有情 度盡無邊苦衆生。

아행결정견고력 유불성지능증지
我 行 決 定 堅 固 力　　唯 佛 聖 智 能 證 知

종사신지제고중 여시원심영불퇴。
縱 使 身 止 諸 苦 中　　如 是 願 心 永 不 退。

제오 지심정진
第五 至心精進

법장비구설차게이 이백불언。 아금위보살도 이발
法 藏 比 丘 說 此 偈 已　 而 白 佛 言。 我 今 爲 菩 薩 道　 已 發

무상정각지심 취원작불 실영여불。 원불위아광선
無 上 正 覺 之 心　 取 願 作 佛　 悉 令 如 佛。　 願 佛 爲 我 廣 宣

경법 아당봉지 여법수행 발제근고생사근본 속
經 法　 我 當 奉 持　 如 法 修 行　 拔 諸 勤 苦 生 死 根 本　 速

성무상정등정각。 욕령아작불시 지혜광명 소거국
成 無 上 正 等 正 覺。 欲 令 我 作 佛 時　 智 慧 光 明　 所 居 國

토 교수명자 개문시방。 제천인민급연연류 내생
土　 教 授 名 字　 皆 聞 十 方。 諸 天 人 民 及 蛹 蠕 類　 來 生

아국실작보살。 아립시원 도승무수제불국자 녕가
我 國 悉 作 菩 薩。　 我 立 是 願　 都 勝 無 數 諸 佛 國 者　 寧 可

득부 세간자재왕불 즉위법장이설경언。 비여대해
得 否　 世 間 自 在 王 佛　 卽 爲 法 藏 而 說 經 言。　 譬 如 大 海

일인두량 경력겁수 상가궁저。 인유지심구도 정
一 人 斗 量　 經 歷 劫 數　 尙 可 窮 底。 人 有 至 心 求 道　 精

진부지　회당극과　하원부득　여자사유　수하방편
進不止　會當剋果　何願不得　汝自思惟　修何方便

이능성취불찰장엄。　여소수행　여자당지　청정불국
而能成就佛刹莊嚴。　如所修行　汝自當知　清淨佛國

여응자섭。　법장백언　사의굉심　비아경계。　유원여
汝應自攝。　法藏白言　斯義宏深　非我境界。　惟願如

래　응정변지　광연제불무량묘찰。　약아득문　여시
來　應正徧知　廣演諸佛無量妙刹。　若我得聞　如是

등법　사유수습　서만소원。　세간자재왕불지기고명
等法　思惟修習　誓滿所願。　世間自在王佛知其高明

지원심광。　즉위선설이백일십억제불찰토공덕엄정
志願深廣。　卽爲宣說二百一十億諸佛刹土功德嚴淨

광대원만지상　응기심원　실현여지。　설시법시　경
廣大圓滿之相　應其心願　悉現與之。　說是法時　經

천억세。　이시법장문불소설　개실도견　기발무상
千億歲。　爾時法藏聞佛所說　皆悉覩見　起發無上

수승지원。　어피천인선악　국토추묘　사유구경　변
殊勝之願。　於彼天人善惡　國土麤妙　思惟究竟　便

일기심　선택소욕　결득대원。　정근구색　공신보지
一其心　選擇所欲　結得大願。　精勤求索　恭愼保持

수습공덕　만족오겁。　어피이십일구지불토　공덕장
修習功德　滿足五劫。　於彼二十一俱胝佛土　功德莊

엄지사　명료통달　여일불찰　소섭불국　초과어피。
嚴之事　明了通達　如一佛刹　所攝佛國　超過於彼。

기섭수이　부예세자재왕여래소　계수례족　요불삼
旣攝受已　復詣世自在王如來所　稽首禮足　遶佛三

잡 합장이주 백불세존。 아이성취장엄불토 청정
匝 合掌而住 白佛世尊。 我已成就莊嚴佛土 淸淨

지행。 불언선재 금정시시 여응구설 영중환희。
之行。 佛言善哉 今正是時 汝應具說 令衆歡喜。

역령대중 문시법이 득대선리。 능어불찰 수습섭
亦令大衆 聞是法已 得大善利。 能於佛刹 修習攝

수 만족무량대원。
受 滿足無量大願。

제육 발대서원
第六 發大誓願

법장백언 유원세존 대자청찰。
法藏白言 唯願世尊 大慈聽察。

아약증득무상보리 성정각이 소거불찰구족무량불
我若證得無上菩提 成正覺已 所居佛刹具足無量不

가사의 공덕장엄。 무유지옥 아귀금수 연비연동
可思議 功德莊嚴。 無有地獄 餓鬼禽獸 蜎飛蠕動

지류。 소유일체중생 이급염마라계 삼악도중 내
之類。 所有一切衆生 以及焰摩羅界 三惡道中 來

생아찰 수아법화 실성아누다라삼먁삼보리。 불부
生我刹 受我法化 悉成阿耨多羅三藐三菩提。 不復

갱타악취 득시원 내작불。 부득시원 불취무상정
更墮惡趣 得是願 乃作佛。 不得是願 不取無上正

각。 일 국무악도원。 이 불타악취원。
覺。 一 國無惡道願。 二 不墮惡趣願。

아작불시　시방세계　소유중생　영생아찰　개구자
我作佛時　十方世界　所有衆生　令生我剎　皆具紫

마진금색신。　삼십이종　대장부상。　단정정결　실
磨眞金色身。　三十二種　大丈夫相。　端正淨潔　悉

동일류。 약형모차별　유호추자　불취정각。　삼 신실
同一類。 若形貌差別　有好醜者　不取正覺。　三 身悉

금색원。 사 삼십이상원。 오 신무차별원。
金色願。 四 三十二相願。 五 身無差別願。

아작불시　소유중생　생아국자　자지무량겁시숙명
我作佛時　所有衆生　生我國者　自知無量劫時宿命

소작선악。　개능동시　철청　지시방거래현재지사。
所作善惡。　皆能洞視　徹聽　知十方去來現在之事。

부득시원　불취정각。　육 숙명통원。　칠 천안통원　팔
不得是願　不取正覺。　六 宿命通願。　七 天眼通願　八

천이통원。
天耳通願

아작불시　소유중생　생아국자　개득타심지통。　약
我作佛時　所有衆生　生我國者　皆得他心智通。　若

불실지억나유타백천불찰　중생심념자　불취정각。
不悉知億那由他百千佛剎　衆生心念者　不取正覺。

구 타심통원。
九 他心通願。

아작불시　소유중생　생아국자　개득신통자재　바
我作佛時　所有衆生　生我國者　皆得神通自在　波

라밀다。어일념경　불능초과억나유타백천불찰　주
羅蜜多。於一念頃　不能超過億那由他百千佛刹　周

변순력　공양제불자　불취정각。십　신족통원。십일　변
徧巡歷　供養諸佛者　不取正覺。十　神足通願。十日　徧

공제불원。
供諸佛願。

아작불시　소유중생　생아국자　원리분별　제근적
我作佛時　所有衆生　生我國者　遠離分別　諸根寂

정。약불결정성등정각　증대열반자　불취정각。십
靜。若不決定成等正覺　證大涅槃者　不取正覺。十

이　정성정각원。
二　定成正覺願。

아작불시　광명무량　보조시방　절승제불　승어일
我作佛時　光明無量　普照十方　絶勝諸佛　勝於日

월지명　천만억배。약유중생　견아광명　조촉기신
月之明　千萬億倍。若有衆生　見我光明　照觸其身

막불안락　자심작선　내생아국。약불이자　불취정
莫不安樂　慈心作善　來生我國。若不爾者　不取正

각。십삼　광명무량원。십사　촉광안락원。
覺。十三　光明無量願。十四　觸光安樂願。

아작불시　수명무량　국중성문천인무수　수명역개
我作佛時　壽命無量　國中聲聞天人無數　壽命亦皆

무량。가령삼천대천세계중생　실성연각　어백천겁
無量。假令三千大天世界衆生　悉成緣覺　於百千劫

실공계교　약능지기량수자　불취정각。　십오　수명무
悉共計校　若能知其量數者　不取正覺。　十五　壽命無

량원。　십육　성문무수원。
量願。　十六　聲聞無數願。

아작불시　시방세계　무량찰중　무수제불　약불공
我作佛時　十方世界　無量刹中　無數諸佛　若不共

칭탄아명　설아공덕국토지선자　불취정각。　십칠　제
稱歎我名　說我功德國土之善者　不取正覺。　十七　諸

불칭탄원。
佛稱歎願。

아작불시　시방중생　문아명호　지심신락。　소유선
我作佛時　十方衆生　聞我名號　至心信樂。　所有善

근　심심회향　원생아국。　내지십념　약불생자　불
根　心心廻向　願生我國。　乃至十念　若不生者　不

취정각。　유제오역　비방정법。　십팔　십념왕생원。
取正覺。　唯除五逆　誹謗正法。　十八　十念往生願。

아작불시　시방중생　문아명호　발보리심　수제공
我作佛時　十方衆生　聞我名號　發菩提心　修諸功

덕。　봉행육바라밀　견고불퇴。　부이선근회향　원생
德。　奉行六波羅蜜　堅固不退。　復以善根廻向　願生

아국　일심염아　주야부단。　임수종시　아여제보살
我國　一心念我　晝夜不斷。　臨壽終時　我與諸菩薩

중영현기전　경수유간　즉생아찰　작아유월치보살。
衆迎現其前　經須臾間　卽生我刹　作阿惟越致菩薩。

부득시원　불취정각。　십구　문명발심원。　이십　임종접인원。
不得是願　不取正覺。　十九　聞名發心願。　二十　臨終接引願。

아작불시 시방중생 문아명호 계념아국 발보리
我作佛時 十方衆生 聞我名號 繫念我國 發菩提

심 견고불퇴。 식중덕본 지심회향 욕생극락 무
心 堅固不退。 植衆德本 至心廻向 欲生極樂 無

불수자。 약유숙악 문아명자 즉자회과 위도작선
不遂者。 若有宿惡 聞我名字 卽自悔過 爲道作善

변지경계 원생아찰。 명종불부갱삼악도 즉생아국。
便持經戒 願生我刹。 命終不復更三惡道 卽生我國。

약불이자 불취정각。 이십일 회과득생원。
若不爾者 不取正覺。 二十一 悔過得生願。

아작불시 국무부녀 약유여인 문아명자 득청정
我作佛時 國無婦女 若有女人 聞我名字 得淸淨

신。 발보리심 염환여신 원생아국 명종즉화남자
信。 發菩提心 厭患女身 願生我國 命終卽化男子

내아찰토。 시방세계제중생류 생아국자 개어칠보
來我刹土。 十方世界諸衆生類 生我國者 皆於七寶

지연화중화생。 약불이자 불취정각。 이십이 국무여인
池蓮華中化生。 若不爾者 不取正覺。 二十二 國無女人

원。 이십삼 염여전남원。 이십사 연화화생원。
願。 二十三 厭女轉男願。 二十四 蓮華化生願。

아작불시 시방중생 문아명자 환희신락 예배귀
我作佛時 十方衆生 聞我名字 歡喜信樂 禮拜歸

명。 이청정심 수보살행 제천세인 막불치경。 약
命。 以淸淨心 修菩薩行 諸天世人 莫不致敬。 若

문아명 수종지후 생존귀가 제근무결 상수수승
聞我名 壽終之後 生尊貴家 諸根無缺 常修殊勝

범행。 약불이자 불취정각。 이십오 천인예경원。 이십
梵行。 若不爾者 不取正覺。 二十五 天人禮敬願。 二十

육 문명득복원。 이십칠 수수승행원。
六 聞名得福願。 二十七 修殊勝行願。

아작불시 국중무불선명。 소유중생 생아국자 개
我作佛時 國中無不善名。 所有衆生 生我國者 皆

동일심 주어정취。 영리열뇌 심득청량 소수쾌락
同一心 住於定聚。 永離熱惱 心得清涼 所受快樂

유여누진비구。 약기상념 탐계신자 불취정각。 이
猶如漏盡比丘。 若起想念 貪計身者 不取正覺。 二

십팔 국무불선원。 이십구 주정정취원。 삼십 낙여누진원。 삼
十八 國無不善願。 二十九 住正定聚願。 三十 樂如漏盡願。 三

십일 불탐계신원。
十一 不貪計身願。

아작불시 생아국자 선근무량 개득금강나라연신
我作佛時 生我國者 善根無量 皆得金剛那羅延身

견고지력。 신정개유광명조요 성취일체지혜 획득
堅固之力。 身頂皆有光明照耀 成就一切智慧 獲得

무변변재。 선담제법비요 설경행도 어여종성。 약
無邊辯才。 善談諸法秘要 說經行道 語如鐘聲。 若

불이자 불취정각。 삼십이 나라연신원。 삼십삼 광명혜변
不爾者 不取正覺。 三十二 那羅延身願。 三十三 光明慧辯

원。 삼십사 선담법요원。
願 三十四 善談法要願。

아작불시 소유중생 생아국자 구경필지일생보처。
我作佛時 所有衆生 生我國者 究竟必至一生補處。

제기본원위중생고　피홍서개　교화일체유정　개발
除 其 本 願 爲 衆 生 故　被 弘 誓 鎧　敎 化 一 切 有 情　皆 發

신심　수보리행　행보현도。　수생타방세계　영리악
信 心　修 菩 提 行　行 普 賢 道。　雖 生 他 方 世 界　永 離 惡

취。　혹락설법　혹락청법　혹현신족　수의수습　무
趣。　或 樂 說 法　或 樂 聽 法　或 現 神 足　隨 意 修 習　無

불원만。　약불이자　불취정각。　삼십오　일생보처원。　삼
不 圓 滿。　若 不 爾 者　不 取 正 覺。　三 十 五　一 生 補 處 願。　三

십육　교화수의원。
十 六　敎 化 隨 意 願。

아작불시　생아국자　소수음식　의복　종종공구　수
我 作 佛 時　生 我 國 者　所 須 飮 食　衣 服　種 種 供 具　隨

의즉지　무불만원。　시방제불　응념수기공양。　약불
意 卽 至　無 不 滿 願。　十 方 諸 佛　應 念 受 其 供 養。　若 不

이자　불취정각。　삼십칠　의식자지원。　삼십팔　응념수공원。
爾 者　不 取 正 覺。　三 十 七　衣 食 自 至 願。　三 十 八　應 念 受 供 願。

아작불시　국중만물　엄정광려　형색수특　궁미극묘
我 作 佛 時　國 中 萬 物　嚴 淨 光 麗　形 色 殊 特　窮 微 極 妙

무능칭량。　기제중생　수구천안　유능변기형색　광상
無 能 稱 量。　其 諸 衆 生　雖 具 天 眼　有 能 辨 其 形 色　光 相

명수　급총선설자　불취정각。　삼십구　장엄무진원。
名 數　及 總 宣 說 者　不 取 正 覺。　三 十 九　莊 嚴 無 盡 願。

아작불시　국중무량색수　고혹백천유순　도량수고
我 作 佛 時　國 中 無 量 色 樹　高 或 百 千 由 旬　道 場 樹 高

사백만리。　제보살중　수유선근열자　역능료지。　욕
四 百 萬 里。　諸 菩 薩 中　雖 有 善 根 劣 者　亦 能 了 知。　欲

견제불정국장엄　실어보수간견　유여명경　도기면
見諸佛淨國莊嚴　悉於寶樹間見　猶如明鏡　睹其面

상。약불이자　불취정각。사십　무량색수원。사십일　수
像。若不爾者　不取正覺。四十　無量色樹願。四十一　樹

현불찰원。
現佛刹願。

아작불시　소거불찰　광박엄정　광영여경　철조시
我作佛時　所居佛刹　廣博嚴淨　光瑩如鏡　徹照十

방무량무수불가사의　제불세계。중생도자　생희유
方無量無數不可思議　諸佛世界。眾生覩者　生希有

심。약불이자　불취정각。사십이　철조시방원。
心。若不爾者　不取正覺。四十二　徹照十方願。

아작불시　하종지제　상지허공。궁전　누관　지류
我作佛時　下從地際　上至虛空。宮殿　樓觀　池流

화수　국토소유일체만물　개이무량보향합성。기향
華樹　國土所有一切萬物　皆以無量寶香合成。其香

보훈시방세계　중생문자　개수불행。약불이자　불
普熏十方世界　眾生聞者　皆修佛行。若不爾者　不

취정각。사십삼　보향보훈원。
取正覺。四十三　寶香普熏願。

아작불시　시방불찰제보살중　문아명이　개실체득
我作佛時　十方佛刹諸菩薩眾　聞我名已　皆悉逮得

청정　해탈　보등삼매。제심총지　주삼마지　지어
清淨　解脫　普等三昧。諸深總持　住三摩地　至於

성불。정중상공무량무변일체제불　불실정의。약
成佛。定中常供無量無邊一切諸佛　不失定意。若

불이자 불취정각。　사십사　보등삼매원。　사십오　정중공
不 爾 者　　不 取 正 覺。　四 十 四　普 等 三 昧 願。　四 十 五　定 中 供

불원。
佛 願。

아작불시　타방세계제보살중　문아명자　증리생법
我 作 佛 時　他 方 世 界 諸 菩 薩 衆　聞 我 名 者　證 離 生 法

획다라니。　청정환희　득평등주　수보살행　구족덕
獲 陀 羅 尼。　淸 淨 歡 喜　得 平 等 住　修 菩 薩 行　具 足 德

본。　응시불획일이삼인　어제불법　불능현증불퇴전
本。　應 時 不 獲 一 二 三 忍　於 諸 佛 法　不 能 現 證 不 退 轉

자　불취정각。　사십육　획다라니원。　사십칠　문명득인원。
者　　不 取 正 覺。　四 十 六　獲 陀 羅 尼 願。　四 十 七　聞 名 得 忍 願。

사십팔　현증불퇴원。
四 十 八　現 證 不 退 願。

제칠 필성정각
第七 必成正覺

불고아난。　이시법장비구설차원이　이게송왈。
佛 告 阿 難。　爾 時 法 藏 比 丘 說 此 願 已　以 偈 頌 曰。

아건초세지　필지무상도
我 建 超 世 志　必 至 無 上 道

사원불만족 서불성등각.
斯 願 不 滿 足　誓 不 成 等 覺。

부위대시주 보제제궁고
復 爲 大 施 主　普 濟 諸 窮 苦

영피제군생 장야무우뇌.
令 彼 諸 羣 生　長 夜 無 憂 惱。

출생중선근 성취보리과
出 生 衆 善 根　成 就 菩 提 果

아약성정각 입명무량수.
我 若 成 正 覺　立 名 無 量 壽。

중생문차호 구래아찰중
衆 生 聞 此 號　俱 來 我 刹 中

여불금색신 묘상실원만.
如 佛 金 色 身　妙 相 悉 圓 滿。

역이대비심 이익제군품
亦 以 大 悲 心　利 益 諸 羣 品

이욕심정념 정혜수범행.
離 欲 心 正 念　淨 慧 修 梵 行。

원아지혜광 보조시방찰
願我智慧光 普照十方刹

소제삼구명 명제중액난.
消除三垢冥 明濟衆厄難。

실사삼도고 멸제번뇌암
悉捨三途苦 滅諸煩惱暗

개피지혜안 획득광명신.
開彼智慧眼 獲得光明身。

폐색제악도 통달선취문
閉塞諸惡道 通達善趣門

위중개법장 광시공덕보.
爲衆開法藏 廣施功德寶。

여불무애지 소행자민행
如佛無礙智 所行慈愍行

상작천인사 득위삼계웅.
常作天人師 得爲三界雄。

설법사자후 광도제유정
說法師子吼 廣度諸有情

원만석소원 일체개성불.
圓滿昔所願 一切皆成佛。

사원약극과 대천응감동
斯願若剋果 大千應感動

허공제천신 당우진묘화.
虛空諸天神 當雨珍妙華。

불고아난. 법장비구 설차송이 응시보지육종진동
佛告阿難。 法藏比丘 說此頌已 應時普地六種震動

천우묘화 이산기상 자연음악 공중찬언 결정필
天雨妙華 以散其上 自然音樂 空中讚言 決定必

성무상정각.
成無上正覺。

제팔 적공누덕
第八 積功累德

아난 법장비구 어세자재왕여래전 급제천인대중
阿難 法藏比丘 於世自在王如來前 及諸天人大衆

지중 발사홍서원이. 주진실혜 용맹정진 일향전
之中 發斯弘誓願已。 住眞實慧 勇猛精進 一向專

지장엄묘토。 소수불국 개확광대 초승독묘 건립
志莊嚴妙土。 所修佛國 開廓廣大 超勝獨妙 建立

상연 무쇠무변。 어무량겁 적식덕행 불기탐진치
常然 無衰無變。 於無量劫 積植德行 不起貪瞋痴

욕제상 불착색성향미촉법。 단락억념 과거제불
欲諸想 不著色聲香味觸法。 但樂憶念 過去諸佛

소수선근。 행적정행 원리허망 의진제문 식중덕
所修善根。 行寂靜行 遠離虛妄 依眞諦門 植衆德

본。 불계중고 소욕지족 전구백법 혜리군생。 지
本。 不計衆苦 少欲知足 專求白法 惠利羣生。 志

원무권 인력성취 어제유정 상회자인。 화안애어
願無倦 忍力成就 於諸有情 常懷慈忍。 和顏愛語

권유책진 공경삼보 봉사사장 무유허위첨곡지심。
勸諭策進 恭敬三寶 奉事師長 無有虛僞諂曲之心。

장엄중행 궤범구족 관법여화 삼매상적。 선호구
莊嚴衆行 軌範具足 觀法如化 三昧常寂。 善護口

업 불기타과 선호신업 불실율의 선호의업 청
業 不譏他過 善護身業 不失律儀 善護意業 淸

정무염。 소유국성 취락권속진보 도무소착。 항이
淨無染。 所有國城 聚落眷屬珍寶 都無所著。 恒以

보시 지계 인욕 정진 선정 지혜 육도지행 교
布施 持戒 忍辱 精進 禪定 智慧 六度之行 敎

화안립중생 주어무상진정지도。 유성여시제선근
化安立衆生 住於無上眞正之道。 由成如是諸善根

고 소생지처 무량보장 자연발응。 혹위장자거사
故 所生之處 無量寶藏 自然發應。 或爲長者居士

호성존귀 혹위찰리국왕 전륜성제 혹위육욕천주
豪姓尊貴　或爲刹利國王　轉輪聖帝　或爲六欲天主

내지범왕。 어제불소 존중공양 미증간단。 여시공
乃至梵王。　於諸佛所　尊重供養　未曾間斷。　如是功

덕 설불능진。 신구상출무량묘향 유여전단우발라
德　說不能盡。　身口常出無量妙香　猶如栴檀優鉢羅

화 기향보훈무량세계。 수소생처 색상단엄 삼십
華　其香普熏無量世界。　隨所生處　色相端嚴　三十

이상 팔십종호 실개구족。 수중상출무진지보 장
二相　八十種好　悉皆具足。　手中常出無盡之寶　莊

엄지구 일체소수 최상지물 이락유정。 유시인연
嚴之具　一切所須　最上之物　利樂有情。　由是因緣

능령무량중생 개발아누다라삼먁삼보리심。
能令無量衆生　皆發阿耨多羅三藐三菩提心。

제구 원만성취
第九 圓滿成就

불고아난。 법장비구 수보살행 적공누덕 무량무
佛告阿難。　法藏比丘　修菩薩行　積功累德　無量無

변。 어일체법 이득자재。 비시어언분별지소능지。
邊。　於一切法　而得自在。　非是語言分別之所能知。

소발서원 원만성취 여실안주 구족장엄 위덕광대
所發誓願　圓滿成就　如實安住　具足莊嚴　威德廣大

청정불토。 아난문불소설 백세존언。 법장보살성보
清淨佛土。 阿難聞佛所說 白世尊言。 法藏菩薩成菩

리자 위시과거불야 미래불야 위금현재타방세계
提者 爲是過去佛耶 未來佛耶 爲今現在他方世界

야。 세존고언。 피불여래 내무소래 거무소거 무생
耶。 世尊告言。 彼佛如來 來無所來 去無所去 無生

무멸 비과현재미래。 단이수원도생 현재서방 거
無滅 非過現在未來。 但以酬願度生 現在西方 去

염부제백천구지나유타불찰 유세계명왈극락。 법장
閻浮提百千俱胝那由他佛刹 有世界名曰極樂。 法藏

성불 호아미타。 성불이래 어금십겁 금현재설법
成佛 號阿彌陀。 成佛以來 於今十劫 今現在說法

유무량무수보살성문지중 공경위요。
有無量無數菩薩聲聞之衆 恭敬圍繞。

제십 개원작불
第十 皆願作佛

불설아미타불위보살구득시원시 아사왕자 여오백
佛說阿彌陀佛爲菩薩求得是願時 阿闍王子 與五百

대장자문지 개대환희。 각지일금화개 구도불전작
大長者聞之 皆大歡喜。 各持一金華蓋 俱到佛前作

례 이화개상불이 각좌일면청경。 심중원언 영아
禮 以華蓋上佛已 却坐一面聽經。 心中願言 令我

등작불시 개어아미타불。 불즉지지 고제비구 시
等作佛時 皆如阿彌陀佛。 佛卽知之 告諸比丘 是

왕자등 후당작불。 피어전세주보살도 무수겁래
王子等 後當作佛。 彼於前世住菩薩道 無數劫來

공양사백억불。 가섭불시 피등위아제자 금공양아
供養四百億佛。 迦葉佛時 彼等爲我弟子 今供養我

부상치야。 시제비구 문불언자 막불대지환희。
復相值也。 時諸比丘 聞佛言者 莫不代之歡喜。

제십일 국계엄정
第十一 國界嚴淨

불어아난。 피극락계 무량공덕 구족장엄。 영무중
佛語阿難。 彼極樂界 無量功德 具足莊嚴。 永無衆

고 제난 악취 마뇌지명。 역무사시 한서 우명지
苦 諸難 惡趣 魔惱之名。 亦無四時 寒暑 雨冥之

이。 부무대소강해 구릉갱감 형극사력 철위 수
異。 復無大小江海 丘陵坑坎 荊棘沙礫 鐵圍 須

미 토석등산。 유이자연칠보 황금위지。 관광평정
彌 土石等山。 唯以自然七寶 黃金爲地。 寬廣平正

불가한극 미묘기려 청정장엄 초유시방일체세계。
不可限極 微妙奇麗 淸淨莊嚴 超踰十方一切世界。

아난문이 백세존언。 약피국토무수미산 기사천
阿難聞已 白世尊言。 若彼國土無須彌山 其四天

佛說大乘無量壽莊嚴淸淨平等覺經

229

왕급도리천 의하이주。 불고아난。 야마도솔 내지
王 及 忉利天 依何而住。 佛告阿難。 夜摩兜率 乃至

색무색계 일체제천 의하이주。 아난백언 불가사
色 無 色 界 一 切 諸 天 依 何 而 住。 阿 難 白 言 不 可 思

의업력소치。 불어아난。 부사의업 여가지야 여신
議 業 力 所 致。 佛 於 阿 難。 不 思 議 業 汝 可 知 耶 汝 身

과보 불가사의 중생업보 역불가사의。 중생선근
果 報 不 可 思 議 衆 生 業 報 亦 不 可 思 議。 衆 生 善 根

불가사의 제불성력 제불세계 역불가사의。 기국
不 可 思 議 諸 佛 聖 力 諸 佛 世 界 亦 不 可 思 議。 其 國

중생공덕선력 주행업지 급불신력 고능이이。 아
衆 生 功 德 善 力 住 行 業 地 及 佛 神 力 故 能 爾 耳。 阿

난백언 업인과보 불가사의 아어차법 실무소혹。
難 白 言 業 因 果 報 不 可 思 議 我 於 此 法 實 無 所 惑。

단위장래중생 파제의망 고발사문。
但 爲 將 來 衆 生 破 除 疑 網 故 發 斯 問。

제십이 광명변조
第十二 光明徧照

불고아난。 아미타불위신광명 최존제일 시방제불
佛告阿難。 阿彌陀佛威神光明 最尊第一 十方諸佛

소불능급。 변조동방항사불찰 남서북방 사유상
所 不 能 及。 徧照東方恒沙佛刹 南西北方 四維上

하　역부여시。　약화정상원광　혹일이삼사유순　혹
下　亦復如是。　若化頂上圓光　或一二三四由旬　或

백천만억유순。　제불광명　혹조일이불찰　혹조백
百千萬億由旬。　諸佛光明　或照一二佛刹　或照百

천불찰。　유아미타불　광명보조무량무변무수불찰。
千佛刹。　惟阿彌陀佛　光明普照無量無邊無數佛刹。

제불광명소조원근　본기전세구도　소원공덕대소부
諸佛光明所照遠近　本其前世求道　所願功德大小不

동。　지작불시　각자득지　자재소작　불위예계。　아
同。　至作佛時　各自得之　自在所作　不爲預計。　阿

미타불　광명선호　승어일월지명　천억만배　광중
彌陀佛　光明善好　勝於日月之明　千億萬倍　光中

극존　불중지왕。　시고무량수불　역호무량광불　역
極尊　佛中之王。　是故無量壽佛　亦號無量光佛　亦

호무변광불　무애광불　무등광불　역호지혜광　상
號無邊光佛　無礙光佛　無等光佛　亦號智慧光　常

조광　청정광　환희광　해탈광　안은광　초일월광
照光　清淨光　歡喜光　解脫光　安隱光　超日月光

부사의광。　여시광명　보조시방일체세계。　기유중
不思議光。　如是光明　普照十方一切世界。　其有衆

생　우사광자　구멸선생　신의유연。　약재삼도극고
生　遇斯光者　垢滅善生　身意柔軟。　若在三途極苦

지처　견차광명　개득휴식　명종개득해탈。　약유중
之處　見此光明　皆得休息　命終皆得解脫。　若有衆

생　문기광명　위신공덕　일야칭설　지심부단　수의
生　聞其光明　威神功德　日夜稱說　至心不斷　隨意

소원 득생기국。
所願 得生其國。

제십삼 수중무량
第十三 壽衆無量

불어아난。 무량수불 수명장구 불가칭계。 우유무
佛語阿難。 無量壽佛 壽命長久 不可稱計。 又有無

수성문지중 신지통달 위력자재 능어장중지일체
數聲聞之衆 神智洞達 威力自在 能於掌中持一切

세계。 아제자중대목건련 신통제일 삼천대천세계
世界。 我弟子中大目犍連 神通第一 三千大天世界

소유일체성숙중생 어일주야 실지기수。 가사시방
所有一切星宿衆生 於一晝夜 悉知其數。 假使十方

중생 실성연각 일일연각 수만억세 신통개여대
衆生 悉成緣覺 一一緣覺 數萬億歲 神通皆如大

목건련 진기수명 갈기지력 실공추산 피불회중
目犍連 盡其壽命 竭其智力 悉共推算 彼佛會中

성문지수 천만분중불급일분。 비여대해 심광무변
聲聞之數 千萬分中不及一分。 譬如大海 深廣無邊

설취일모 석위백분 쇄여미진。 이일모진 첨해일
設取一毛 析爲百分 碎如微塵。 以一毛塵 沾海一

적 차모진수 비해숙다 아난 피목건련등소지수
滴 此毛塵水 比海孰多 阿難 彼目犍連等所知數

자 여모진수。 소미지자 여대해수。 피불수량 급
者　如毛塵水。　所未知者　如大海水。　彼佛壽量　及

제보살 성문 천인 수량역이。 비이산계비유지소
諸菩薩　聲聞　天人　壽量亦爾。　非以算計譬喩之所

능지。
能知。

제십사 보수변국
第十四 寶樹徧國

피여래국 다제보수 혹순금수 순백은수 유리수
彼如來國　多諸寶樹　或純金樹　純白銀樹　琉璃樹

수정수 호박수 미옥수 마노수 유일보성 부잡여
水晶樹　琥珀樹　美玉樹　瑪瑙樹　唯一寶成　不雜餘

보。 혹유이보삼보 내지칠보 전공합성 근경지간
寶。　或有二寶三寶　乃至七寶　轉共合成　根莖枝幹

차보소성 화엽과실 타보화작。 혹유보수 황금위
此寶所成　華葉果實　他寶化作。　或有寶樹　黃金爲

근 백은위신 유리위지 수정위초 호박위엽 미옥
根　白銀爲身　琉璃爲枝　水晶爲梢　琥珀爲葉　美玉

위화 마노위과。 기여제수 부유칠보 호위근간지
爲華　瑪瑙爲果。　其餘諸樹　復有七寶　互爲根幹枝

엽화과 종종공성 각자이행。 행행상치 경경상망
葉華果　種種共成　各自異行。　行行相值　莖莖相望

佛說大乘無量壽莊嚴淸淨平等覺經

지엽상향 화실상당 영색광요 불가승시。 청풍시
枝葉相向 華實相當 榮色光曜 不可勝視。 淸風時

발 출오음성 미묘궁상 자연상화。 시제보수 주
發 出五音聲 微妙宮商 自然相和。 是諸寶樹 周

변기국。
徧其國。

제십오 보리도량
第十五 菩提道場

우기도량 유보리수 고사백만리 기본주위오천유
又其道場 有菩提樹 高四百萬里 其本周圍五千由

순 지엽사포이십만리。 일체중보 자연합성 화과
旬 枝葉四布二十萬里。 一切衆寶 自然合成 華果

부영 광휘변조。 부유홍록청백 제마니보 중보지
敷榮 光暉徧照。 復有紅綠靑白 諸摩尼寶 衆寶之

왕 이위영락。 운취보쇄 식제보주 금주령탁 주
王 以爲瓔珞。 雲聚寶鏁 飾諸寶柱 金珠鈴鐸 周

잡조간 진묘보망 나부기상。 백천만색 호상영식
匝條間 珍妙寶網 羅覆其上。 百千萬色 互相映飾

무량광염 조요무극 일체장엄 수응이현。 미풍서
無量光炎 照耀無極 一切莊嚴 隨應而現。 微風徐

동 취제지엽 연출무량묘법음성 기성유포 변제
動 吹諸枝葉 演出無量妙法音聲 其聲流布 徧諸

불국。 청창애량 미묘화아 시방세계음성지중 최
佛國。 清暢哀亮 微妙和雅 十方世界音聲之中 最

위제일。 약유중생 도보리수 문성후향 상기과미
爲第一。 若有衆生 覩菩提樹 聞聲嗅香 嘗其果味

촉기광영 염수공덕 개득육근청철。 무제뇌환 주
觸其光影 念樹功德 皆得六根清徹。 無諸惱患 住

불퇴전 지성불도。 부유견피수고 획삼종인 일음
不退轉 至成佛道。 復由見彼樹故 獲三種忍 一音

향인 이유순인 삼자무생법인。 불고아난 여시불
響忍 二柔順忍 三者無生法忍。 佛告阿難 如是佛

찰 화과수목 여제중생 이작불사。 차개무량수불
刹 華果樹木 與諸衆生 而作佛事。 此皆無量壽佛

위신력고 본원력고 만족원고 명료견고구경원고。
威神力故 本願力故 滿足願故 明了堅固究竟願故。

제십육 당사누관
第十六 堂舍樓觀

우무량수불강당정사 누관난순 역개칠보자연화성。
又無量壽佛講堂精舍 樓觀欄楯 亦皆七寶自然化成。

부유백주마니이위교락 명묘무비。 제보살중 소거
復有白珠摩尼以爲交絡 明妙無比。 諸菩薩衆 所居

궁전 역부여시。 중유재지강경 송경자 유재지수
宮殿 亦復如是。 中有在地講經 誦經者 有在地受

경 청경자 유재지경행자 사도 급좌선자。유재
經 聽經者 有在地經行者 思道 及坐禪者。有在

허공강송수청자 경행 사도급좌선자。혹득수다원
虛空講誦受聽者 經行 思道及坐禪者。或得須陀洹

혹득사다함 혹득아나함 아라한。미득아유월치자
或得斯陀含 或得阿那含 阿羅漢。未得阿惟越致者

즉득아유월치。각자념도 설도 행도 막불환희。
卽得阿惟越致。各自念道 說道 行道 莫不歡喜。

제십칠 천지공덕
第十七 泉池功德

우기강당좌우 천지교류 종광심천 개각일등。혹
又其講堂左右 泉池交流 縱廣深淺 皆各一等。或

십유순 이십유순 내지백천유순。담연향결 구팔
十由旬 二十由旬 乃至百千由旬。湛然香潔 具八

공덕。안변무수전단향수 길상과수 화과항방 광
功德。岸邊無數栴檀香樹 吉祥果樹 華果恒芳 光

명조요。수조밀엽 교부어지 출종종향 세무능유
明照耀。修條密葉 交覆於池 出種種香 世無能喻

수풍산복 연수류분。우부지식칠보 지포금사 우
隨風散馥 沿水流芬。又復池飾七寶 地布金沙 優

발라화 발담마화 구모두화 분타리화 잡색광무
鉢羅華 鉢曇摩華 拘牟頭華 芬陀利華 雜色光茂

미부수상。 약피중생 과욕차수 욕지족자 욕지슬
彌覆水上。 若彼衆生 過浴此水 欲至足者 欲至膝

자 욕지요액 욕지경자 혹욕관신 혹욕냉자 온자
者 欲至腰腋 欲至頸者 或欲灌身 或欲冷者 溫者

급류자 완류자 기수일일수중생의。 개신열체 정
急流者 緩流者 其水一一隨衆生意。 開神悅體 淨

약무형。 보사영철 무심부조 미란서회 전상관주。
若無形。 寶沙映澈 無深不照 微瀾徐廻 轉相灌注。

파양무량미묘음성 혹문불법승성 바라밀성 지식
波揚無量微妙音聲 或聞佛法僧聲 波羅蜜聲 止息

적정성 무생무멸성 십력무외성。 혹문무성무작무
寂靜聲 無生無滅聲 十力無畏聲。 或聞無性無作無

아성 대자대비사성 감로관정수위성。 득문여시종
我聲 大慈大悲捨聲 甘露灌頂受位聲。 得聞如是種

종성이 기심청정 무제분별 정직평등 성숙선근
種聲已 其心淸淨 無諸分別 正直平等 成熟善根

수기소문 여법상응。 기원문자 첩독문지 소불욕문
隨其所聞 與法相應。 其願聞者 輒獨聞之 所不欲聞

요무소문 영불퇴어아누다라삼먁삼보리심。 시방세
了無所聞 永不退於阿耨多羅三藐三菩提心。 十方世

계제왕생자 개어칠보지연화중 자연화생 실수청허
界諸往生者 皆於七寶池蓮華中 自然化生 悉受淸虛

지신 무극지체。 불문삼도악뇌고난지명 상무가설
之身 無極之體。 不聞三途惡惱苦難之名 尚無假設

하황실고 단유자연쾌락지음 시고피국명위극락。
何況實苦 但有自然快樂之音 是故彼國名爲極樂。

제십팔 초세희유
第十八 超世希有

피극락국 소유중생 용색미묘 초세희유 함동일
彼 極 樂 國 所 有 衆 生 容 色 微 妙 超 世 希 有 咸 同 一

류 무차별상。 단인순여방속 고유천인지명。 불고
類 無 差 別 相。 但 因 順 餘 方 俗 故 有 天 人 之 名。 佛 告

아난。 비여세간빈고걸인 재제왕변 면모형상 영
阿 難。 譬 如 世 間 貧 苦 乞 人 在 帝 王 邊 面 貌 形 狀 寧

가류호 제왕약비전륜성왕 즉위비루 유피걸인
可 類 乎 帝 王 若 比 轉 輪 聖 王 則 爲 鄙 陋 猶 彼 乞 人

재제왕변야。 전륜성왕 위상제일 비지도리천왕
在 帝 王 邊 也。 轉 輪 聖 王 威 相 第 一 比 之 忉 利 天 王

우부추렬。 가령제석 비제육천 수백천배 불상류
又 復 醜 劣。 假 令 帝 釋 比 第 六 天 雖 百 千 倍 不 相 類

야。 제육천왕 약비극락국중 보살성문 광안용색
也。 第 六 天 王 若 比 極 樂 國 中 菩 薩 聲 聞 光 顔 容 色

수만억배 불상급체。 소처궁전 의복음식 유여타
雖 萬 億 倍 不 相 及 逮。 所 處 宮 殿 衣 服 飮 食 猶 如 他

화자재천왕。 지어위덕 계위 신통변화 일체천인
化 自 在 天 王。 至 於 威 德 階 位 神 通 變 化 一 切 天 人

불가위비 백천만억 불가계배。 아난응지。 무량수
不 可 爲 比 百 千 萬 億 不 可 計 倍。 阿 難 應 知。 無 量 壽

불극락국토 여시공덕장엄 불가사의。
佛 極 樂 國 土 如 是 功 德 莊 嚴 不 可 思 議。

제십구 수용구족
第十九 受用具足

부차극락세계　소유중생　혹이생　혹현생　혹당생
復次極樂世界　所有衆生　或已生　或現生　或當生

개득여시제묘색신。　형모단엄　복덕무량　지혜명료
皆得如是諸妙色身。　形貌端嚴　福德無量　智慧明了

신통자재。　수용종종　일체풍족　궁전　복식　향화
神通自在。　受用種種　一切豊足　宮殿　服飾　香花

번개　장엄지구　수의소수　실개여념。　약욕식시
幡蓋　莊嚴之具　隨意所須　悉皆如念。　若欲食時

칠보발기　자연재전　백미음식　자연성만。　수유차
七寶鉢器　自然在前　百味飲食　自然盛滿。　雖有此

식　실무식자　단견색문향　이의위식　색력증장　이
食　實無食者　但見色聞香　以意爲食　色力增長　而

무변예。　신심유연　무소미착　사이화거　시지부현。
無便穢。　身心柔軟　無所味著　事已化去　時至復現。

부유중보묘의　관대영락　무량광명　백천묘색　실
復有衆寶妙衣　冠帶瓔珞　無量光明　百千妙色　悉

개구족　자연재신。　소거사택　칭기형색　보망미부
皆具足　自然在身。　所居舍宅　稱其形色　寶網彌覆

현제보령　기묘진이　주변교식　광색황요　진극엄
懸諸寶鈴　奇妙珍異　周徧校飾　光色晃曜　盡極嚴

려。　누관난순　당우방각　광협방원　혹대혹소　혹
麗。　樓觀欄楯　堂宇房閣　廣狹方圓　或大或小　或

재허공 혹재평지。 청정안은 미묘쾌락 응념현전
在虛空　或在平地。 清淨安隱　微妙快樂　應念現前

무불구족。
無不具足。

제이십 덕풍화우
第二十 德風華雨

기국불토 매어식시 자연덕풍서기 취제라망。 급
其國佛土　每於食時　自然德風徐起　吹諸羅網。 及

중보수 출미묘음 연설고공 무상무아 제바라밀。
衆寶樹　出微妙音　演說苦空　無常無我　諸波羅蜜。

유포만종온아덕향 기유문자 진로구습 자연불기。
流布萬種溫雅德香　其有聞者　塵勞垢習　自然不起。

풍촉기신 안화조적 유여비구득멸진정。 부취칠
風觸其身　安和調適　猶如比丘得滅盡定。 復吹七

보림수 표화성취 종종색광 변만불토。 수색차제
寶林樹　飄華成聚　種種色光　徧滿佛土。 隨色次第

이불잡란 유연광결 여두라면。 족리기상 몰심사
而不雜亂　柔軟光潔　如兜羅綿。 足履其上　沒深四

지 수족거이 환부여초。 과식시후 기화자몰 대
指　隨足擧已　還復如初。 過食時後　其華自沒　大

지청정 갱우신화。 수기시절 환부주변 여전무이
地清淨　更雨新華。 隨其時節　還復周徧　與前無異

여시육반。
如是六反。

제이십일 보련불광
第二十一 寶蓮佛光

우중보련화주만세계 일일보화백천억엽 기화광
又衆寶蓮華周滿世界 一一寶華百千億葉 其華光

명 무량종색。청색청광 백색백광 현황주자 광
明 無量種色。青色青光 白色白光 玄黃朱紫 光

색역연。부유무량묘보백천마니 영식진기 명요일
色亦然。復有無量妙寶百千摩尼 映飾珍奇 明曜日

월。피연화량 혹반유순 혹일이삼사 내지백천유
月。彼蓮華量 或半由旬 或一二三四 乃至百千由

순。일일화중 출삼십육백천억광 일일광중 출삼
旬。一一華中 出三十六百千億光 一一光中 出三

십육백천억불。신색자금 상호수특 일일제불 우
十六百千億佛。身色紫金 相好殊特 一一諸佛 又

방백천광명 보위시방설미묘법。여시제불 각각안
放百千光明 普爲十方說微妙法。如是諸佛 各各安

립무량중생어불정도。
立無量衆生於佛正道。

제이십이 결증극과
第二十二 決證極果

부차아난　피불국토　무유혼암화광　일월성요주야
復次阿難　彼佛國土　無有昏闇火光　日月星曜晝夜

지상　역무세월겁수지명。　부무주착가실　어일체처
之象　亦無歲月劫數之名。　復無住著家室　於一切處

기무표식명호　역무취사분별　유수청정최상쾌락。
旣無標式名號　亦無取舍分別　唯受淸淨最上快樂。

약유선남자　선여인　약이생　약당생　개실주어정
若有善男子　善女人　若已生　若當生　皆悉住於正

정지취　결정증어아누다라삼막삼보리。　하이고　약
定之聚　決定證於阿耨多羅三藐三菩提。　何以故　若

사정취　급부정취　불능료지건립피인고。
邪定聚　及不定聚　不能了知建立彼因故。

제이십삼 시방불찬
第二十三 十方佛讚

부차아난　동방항하사세계　일일계중여항사불　각
復次阿難　東方恒河沙世界　一一界中如恒沙佛　各

출광장설상　방무량광　설성실언　칭찬무량수불불
出廣長舌相　放無量光　說誠實言　稱讚無量壽佛不

가사의공덕。 남서북방 항사세계 제불칭찬 역부
可思議功德。 南西北方 恒沙世界 諸佛稱讚 亦復

여시。 사유상하 항사세계 제불칭찬 역부여시。
如是。 四維上下 恒沙世界 諸佛稱讚 亦復如是。

하이고 욕령타방소유중생 문피불명 발청정심。
何以故 欲令他方所有衆生 聞彼佛名 發淸淨心。

억념수지 귀의공양 내지능발일념정신 소유선근
憶念受持 歸依供養 乃至能發一念淨信 所有善根

지심회향 원생피국。 수원개생 득불퇴전 내지무
至心廻向 願生彼國。 隨願皆生 得不退轉 乃至無

상정등보리。
上正等菩提。

佛說大乘無量壽莊嚴淸淨平等覺經

제이십사 삼배왕생
第二十四 三輩往生

불고아난。 시방세계제천인민 기유지심원생피국
佛告阿難。 十方世界諸天人民 其有至心願生彼國

범유삼배。 기상배자 사가기욕 이작사문 발보리
凡有三輩。 其上輩者 捨家棄欲 而作沙門 發菩提

심 일향전념아미타불 수제공덕 원생피국。 차등
心 一向專念阿彌陀佛 修諸功德 願生彼國。 此等

중생 임수종시 아미타불여제성중 현재기전 경
衆生 臨壽終時 阿彌陀佛與諸聖衆 現在其前 經

수유간 즉수피불왕생기국。 변어칠보화중자연화
須臾間 即隨彼佛往生其國。 便於七寶華中自然化

생 지혜용맹 신통자재。 시고아난 기유중생욕어
生 智慧勇猛 神通自在。 是故阿難 其有衆生欲於

금세견아미타불자 응발무상보리지심。 부당전념
今世見阿彌陀佛者 應發無上菩提之心。 復當專念

극락국토 적집선근 응지회향。 유차견불 생피국
極樂國土 積集善根 應持廻向。 由此見佛 生彼國

중 득불퇴전 내지무상보리。 기중배자 수불능행
中 得不退轉 乃至無上菩提。 其中輩者 雖不能行

작사문 대수공덕 당발무상보리지심 일향전념
作沙門 大修功德 當發無上菩提之心 一向專念

아미타불。 수기수행제선공덕 봉지재계。 기입탑
阿彌陀佛。 隨己修行諸善功德 奉持齋戒。 起立塔

상 반식사문 현증연등 산화소향 이차회향 원생
像 飯食沙門 懸繒然燈 散華燒香 以此廻向 願生

피국。 기인임종 아미타불화현기신 광명상호 구
彼國。 其人臨終 阿彌陀佛化現其身 光明相好 具

여진불。 여제대중 전후위요 현기인전 섭수도인
如眞佛。 與諸大衆 前後圍繞 現其人前 攝受導引

즉수화불왕생기국。 주불퇴전무상보리 공덕지혜
即隨化佛往生其國。 住不退轉無上菩提 功德智慧

차여상배자야。 기하배자 가사불능작제공덕 당발
次如上輩者也。 其下輩者 假使不能作諸功德 當發

무상보리지심 일향전념아미타불。 환희신락 불
無上菩提之心 一向專念阿彌陀佛。 歡喜信樂 不

생의혹 이지성심 원생기국。차인임종 몽견피불
生疑惑 以至誠心 願生其國。此人臨終 夢見彼佛

역득왕생 공덕지혜차여중배자야。약유중생주대
亦得往生 功德智慧次如中輩者也。若有衆生住大

승자 이청정심향무량수 내지십념 원생기국。문
乘者 以清淨心向無量壽 乃至十念 願生其國。聞

심심법 즉생신해 내지획득일념정심 발일념심념
甚深法 卽生信解 乃至獲得一念淨心 發一念心念

어피불。차인임명종시 여재몽중 견아미타불 정
於彼佛。此人臨命終時 如在夢中 見阿彌陀佛 定

생피국 득불퇴전무상보리。
生彼國 得不退轉無上菩提。

제이십오 왕생정인
第二十五 往生正因

부차아난 약유선남자 선여인 문차경전 수지독
復次阿難 若有善男子 善女人 聞此經典 受持讀

송 서사공양 주야상속 구생피찰 발보리심 지제
誦 書寫供養 晝夜相續 求生彼剎 發菩提心 持諸

금계 견수불범 요익유정 소작선근실시여지 영
禁戒 堅守不犯 饒益有情 所作善根悉施與之 令

득안락。억념서방아미타불 급피국토。시인명종
得安樂。憶念西方阿彌陀佛 及彼國土。是人命終

여불색상종종장엄 생보찰중 속득문법 영불퇴전。
如佛色相種種莊嚴　生寶刹中　速得聞法　永不退轉。

부차아난 약유중생 욕생피국 수불능대정진선정
復次阿難　若有衆生　欲生彼國　雖不能大精進禪定

진지경계 요당작선。 소위일불살생 이불투도 삼
盡持經戒　要當作善。　所謂一不殺生　二不偸盜　三

불음욕 사불망언 오불기어 육불악구 칠불양설
不淫欲　四不妄言　五不綺語　六不惡口　七不兩舌

팔불탐 구부진 십불치。 여시주야사유 극락세계
八不貪　九不瞋　十不癡。　如是晝夜思惟　極樂世界

아미타불 종종공덕 종종장엄。 지심귀의 정례공
阿彌陀佛　種種功德　種種莊嚴。　志心歸依　頂禮供

양。 시인임종 불경불포 심부전도 즉득왕생피불
養。　是人臨終　不驚不怖　心不顚倒　卽得往生彼佛

국토。 약다사물 불능리가 불가대수재계 일심청
國土。　若多事物　不能離家　不暇大修齋戒　一心淸

정。 유공한시 단정신심 절욕거우 자심정진。 부
淨。　有空閑時　端正身心　絶欲去憂　慈心精進。　不

당진노 질투 부득탐철간석 부득중회 부득호의。
當瞋怒　嫉妬　不得貪饕慳惜　不得中悔　不得狐疑。

요당효순 지성충신 당신불경어심 당신작선득복。
要當孝順　至誠忠信　當信佛經語深　當信作善得福。

봉지여시등법 부득휴실 사유숙계 욕득도탈。 주
奉持如是等法　不得虧失　思惟熟計　欲得度脫。　晝

야상념 원욕왕생아미타불청정불국 십일십야내지
夜常念　願欲往生阿彌陀佛淸淨佛國　十日十夜乃至

일일일야 부단절자 수종개득왕생기국。 행보살도
一日一夜 不斷絶者 壽終皆得往生其國。 行菩薩道

제왕생자 개득아유월치。 개구금색삼십이상　개
諸往生者 皆得阿惟越致。 皆具金色三十二相　皆

당작불。 욕어하방불국작불 종심소원。 수기정진
當作佛。 欲於何方佛國作佛 從心所願。 隨其精進

조만 구도불휴 회당득지 불실기소원야。 아난이
早晚 求道不休 會當得之 不失其所願也。 阿難以

차의리고 무량무수불가사의 무유등등무변세계
此義利故 無量無數不可思議 無有等等無邊世界

제불여래 개공칭찬무량수불소유공덕。
諸佛如來 皆共稱讚無量壽佛所有功德。

제이십육 예공청법
第二十六 禮供聽法

부차아난 시방세계제보살중 위욕첨례 극락세계
復次阿難 十方世界諸菩薩衆 爲欲瞻禮 極樂世界

무량수불。 각이향화당번보개 왕예불소 공경공양
無量壽佛。 各以香華幢幡寶蓋 往詣佛所 恭敬供養

청수경법 선포도화 칭찬불토공덕장엄。 이시세존
聽受經法 宣布道化 稱讚佛土功德莊嚴。 爾時世尊

즉설송왈。
卽說頌曰。

동방제불찰　수여항하사
東方諸佛刹　數如恒河沙

항사보살중　왕례무량수。
恒沙菩薩衆　往禮無量壽。

남서북사유　상하역부연
南西北四維　上下亦復然

함이존중심　봉제진묘공。
咸以尊重心　奉諸珍妙供。

창발화아음　가탄최승존
暢發和雅音　歌嘆最勝尊

구달신통혜　유입심법문。
究達神通慧　遊入深法門。

문불성덕명　안은득대리
聞佛聖德名　安隱得大利

종종공양중　근수무해권。
種種供養中　勤修無懈倦。

관피수승찰　미묘난사의
觀彼殊勝刹　微妙難思議

공덕보장엄　제불국난비。
功德普莊嚴　諸佛國難比。

인발무상심　원속성보리
因發無上心　願速成菩提

응시무량존　미소현금용。
應時無量尊　微笑現金容。

광명종구출　변조시방국
光明從口出　徧照十方國

회광환요불　삼잡종정입。
廻光還繞佛　三匝從頂入。

보살견차광　즉증불퇴위
菩薩見此光　卽證不退位

시회일체중　호경생환희。
時會一切衆　互慶生歡喜。

불어범뢰진　팔음창묘성
佛語梵雷震　八音暢妙聲

시방래정사　오실지피원。
十方來正士　吾悉知彼願。

지구엄정토　수기당작불
志求嚴淨土　受記當作佛

각료일체법　유여몽환향
覺了一切法　猶如夢幻響

만족제묘원　필성여시찰.
滿足諸妙願　必成如是刹.

지토여영상　항발홍서심
知土如影像　恒發弘誓心

구경보살도　구제공덕본
究竟菩薩道　具諸功德本

수승보리행　수기당작불.
修勝菩提行　受記當作佛.

통달제법성　일체공무아
通達諸法性　一切空無我

전구정불토　필성여시찰.
專求淨佛土　必成如是刹.

문법락수행　득지청정처
聞法樂受行　得至淸淨處

필어무량존　수기성등각.
必於無量尊　受記成等覺.

무변수승찰　기불본원력
無邊殊勝刹　其佛本願力

문명욕왕생　자치불퇴전。
聞名欲往生　自致不退轉。

보살흥지원　원기국무이
菩薩興至願　願己國無異

보념도일체　각발보리심
普念度一切　各發菩提心

사피윤회신　구령등피안。
捨彼輪廻身　俱令登彼岸。

봉사만억불　비화변제찰
奉事萬億佛　飛化徧諸刹

공경환희거　환도안양국。
恭敬歡喜去　還到安養國。

제이십칠 가탄불덕
第二十七 歌嘆佛德

불어아난。　피국보살　승불위신　어일식경　부왕시
佛語阿難。　彼國菩薩　承佛威神　於一食頃　復往十

방무변정찰 공양제불。 화향당번 공양지구 응념
方無邊淨刹 供養諸佛。 華香幢幡 供養之具 應念

즉지 개현수중。 진묘수특 비세소유 이봉제불
卽至 皆現手中。 珍妙殊特 非世所有 以奉諸佛

급보살중。 기소산화 즉어공중 합위일화 화개향
及菩薩衆。 其所散華 卽於空中 合爲一華 華皆向

하 단원주잡 화성화개。 백천광색 색색이향 향
下 端圓周匝 化成華蓋。 百千光色 色色異香 香

기보훈 개지소자 만십유순 여시전배 내지변부
氣普薰 蓋之小者 滿十由旬 如是轉倍 乃至徧覆

삼천대천세계。 수기전후 이차화몰。 약불갱이신
三千大天世界。 隨其前後 以次化沒。 若不更以新

화중산 전소산화종불부락。 어허공중공주천악 이
華重散 前所散華終不復落。 於虛空中共奏天樂 以

미묘음가탄불덕 경수유간 환기본국。 도실집회
微妙音歌嘆佛德 經須臾間 還其本國。 都悉集會

칠보강당 무량수불즉위광선대교 연창묘법 막불
七寶講堂 無量壽佛則爲廣宣大敎 演暢妙法 莫不

환희 심해득도。 즉시향풍취칠보수 출오음성 무
歡喜 心解得道。 卽時香風吹七寶樹 出五音聲 無

량묘화 수풍사산 자연공양 여시부절。 일체제천
量妙華 隨風四散 自然供養 如是不絶。 一切諸天

개재백천화향 만종기악 공양피불 급제보살성문
皆齎百千華香 萬種伎樂 供養彼佛 及諸菩薩聲聞

지중。 전후왕래 희이쾌락 차개무량수불본원가위
之衆。 前後往來 熙怡快樂 此皆無量壽佛本願加威

급증공양여래 선근상속。 무결감고 선수습고 선
及曾供養如來 善根相續。 無缺減故 善修習故 善

섭취고 선성취고。
攝取故 善成就故。

제이십팔 대사신광
第二十八 大士神光

불고아난。 피불국중제보살중 실개동시 철청팔방
佛告阿難。 彼佛國中諸菩薩衆 悉皆洞視 徹聽八方

상하 거래 현재지사。 제천인민 이급연비연동지
上下 去來 現在之事。 諸天人民 以及蜎飛蠕動之

류 심의선악 구소욕언 하시도탈 득도왕생 개예
類 心意善惡 口所欲言 何時度脫 得道往生 皆豫

지지。 우피불찰제성문중 신광일심 보살광명 조
知之。 又彼佛刹諸聲聞衆 身光一尋 菩薩光明 照

백유순。 유이보살 최존제일 위신광명 보조삼천
百由旬。 有二菩薩 最尊第一 威神光明 普照三千

대천세계。 아난백불 피이보살 기호운하。 불언
大天世界。 阿難白佛 彼二菩薩 其號云何。 佛言

일명관세음 일명대세지。 차이보살 어사바세계
一名觀世音 一名大勢至。 此二菩薩 於娑婆世界

수보살행 왕생피국 상재아미타불좌우。 욕지시방
修菩薩行 往生彼國 常在阿彌陀佛左右。 欲至十方

무량불소 수심즉도 현거차계 작대이락。 세간선
無量佛所 隨心則到 現居此界 作大利樂。 世間善

남자 선여인 약유급난공포 단자귀명관세음보살
男子 善女人 若有急難恐怖 但自歸命觀世音菩薩

무부득해탈자。
無不得解脫者。

제이십구 원력굉심
第二十九 願力宏深

부차아난 피불찰중 소유현재 미래 일체보살 개
復次阿難 彼佛刹中 所有現在 未來 一切菩薩 皆

당구경일생보처。 유제대원 입생사계 위도군생
當究竟一生補處。 唯除大願 入生死界 爲度羣生

작사자후 환대갑주 이굉서공덕이자장엄。 수생오
作師子吼 擐大甲胄 以宏誓功德而自莊嚴。 雖生五

탁악세 시현동피 직지성불 불수악취 생생지처
濁惡世 示現同彼 直至成佛 不受惡趣 生生之處

상식숙명。 무량수불 의욕도탈시방세계제중생류
常識宿命。 無量壽佛 意欲度脫十方世界諸衆生類

개사왕생기국 실령득니원도。 작보살자 영실작
皆使往生其國 悉令得泥洹道。 作菩薩者 令悉作

불。 기작불이 전상교수 전상도탈 여시전전 불
佛。 旣作佛已 轉相教授 轉相度脫 如是輾轉 不

가부계。 시방세계 성문보살 제중생류 생피불국
可復計。 十方世界 聲聞菩薩 諸衆生類 生彼佛國

득니원도 당작불자 불가승수。 피불국중 상여일
得泥洹道 當作佛者 不可勝數。 彼佛國中 常如一

법 불위증다。 소이자하。 유여대해 위수중왕 제
法 不爲增多。 所以者何。 猶如大海 爲水中王 諸

수류행 도입해중 시대해수 영위증감。 팔방상하
水流行 都入海中 是大海水 審爲增減。 八方上下

불국무수 아미타국 장구광대 명호쾌락 최위독
佛國無數 阿彌陀國 長久廣大 明好快樂 最爲獨

승。 본기위보살시 구도소원 누덕소치。 무량수불
勝。 本其爲菩薩時 求道所願 累德所致。 無量壽佛

은덕보시팔방상하 무궁무극 심대무량 불가승언。
恩德布施八方上下 無窮無極 深大無量 不可勝言。

제삼십 보살수지
第三十 菩薩修持

부차아난 피불찰중 일체보살 선정지혜 신통위
復次阿難 彼佛刹中 一切菩薩 禪定智慧 神通威

덕 무불원만。 제불밀장 구경명료 조복제근 신
德 無不圓滿。 諸佛密藏 究竟明了 調伏諸根 身

심유연 심입정혜 무부여습。 의불소행 칠각성도
心柔軟 深入正慧 無復餘習。 依佛所行 七覺聖道

수행오안 조진달속。 육안간택 천안통달 법안청
修 行 五 眼　照 眞 達 俗。　肉 眼 簡 擇　天 眼 通 達　法 眼 淸

정 혜안견진 불안구족 각료법성。 변재총지 자
淨　慧 眼 見 眞　佛 眼 具 足　覺 了 法 性。　辯 才 總 持　自

재무애 선해세간무변방편。 소언성체 심입의미
在 無 礙　善 解 世 間 無 邊 方 便。　所 言 誠 諦　深 入 義 味

도제유정 연설정법。 무상무위 무박무탈 무제분
度 諸 有 情　演 說 正 法。　無 相 無 爲　無 縛 無 脫　無 諸 分

별 원리전도。 어소수용 개무섭취。 변유불찰 무
別　遠 離 顚 倒。　於 所 受 用　皆 無 攝 取。　徧 遊 佛 刹　無

애무염 역무희구불희구상 역무피아위원지상。 하
愛 無 厭　亦 無 希 求 不 希 求 想　亦 無 彼 我 違 怨 之 想。　何

이고 피제보살 어일체중생 유대자비이익심고
以 故　彼 諸 菩 薩　於 一 切 衆 生　有 大 慈 悲 利 益 心 故

사리일체집착 성취무량공덕。 이무애혜 해법여여
捨 離 一 切 執 著　成 就 無 量 功 德。　以 無 礙 慧　解 法 如 如

선지집멸음성방편 불흔세어 낙재정론。 지일체법
善 知 集 滅 音 聲 方 便　不 欣 世 語　樂 在 正 論。　知 一 切 法

실개공적 생신번뇌 이여구진。 어삼계중 평등근
悉 皆 空 寂　生 身 煩 惱　二 餘 俱 盡。　於 三 界 中　平 等 勤

수 구경일승 지어피안。 결단의망 증무소득 이
修　究 竟 一 乘　至 於 彼 岸。　決 斷 疑 網　證 無 所 得　以

방편지 증장료지。 종본이래 안주신통 득일승도
方 便 智　增 長 了 知。　從 本 以 來　安 住 神 通　得 一 乘 道

불유타오。
不 由 他 悟。

제삼십일 진실공덕
第三十一 眞實功德

기지굉심 비여거해。 보리고광 유약수미。 자신위
其智宏深　譬如巨海。　菩提高廣　喩若須彌。　自身威

광 초어일월。 기심결백 유여설산。 인욕여지 일
光　超於日月。　其心潔白　猶如雪山。　忍辱如地　一

체평등。 청정여수 세제진구。 치성여화 소번뇌
切平等。　清淨如水　洗諸塵垢。　熾盛如火　燒煩惱

신。 불착여풍 무제장애。 법음뇌진 각미각고。 우
薪。　不著如風　無諸障礙。　法音雷震　覺未覺故。　雨

감로법 윤중생고。 광약허공 대자등고。 여정연화
甘露法　潤衆生故。　曠若虛空　大慈等故。　如淨蓮華

이염오고。 여니구수 부음대고。 여금강저 파사집
離染汚故。　如尼拘樹　覆蔭大故。　如金剛杵　破邪執

고。 여철위산 중마외도불능동고。 기심정직 선교
故。　如鐵圍山　衆魔外道不能動故。　其心正直　善巧

결정 논법무염 구법불권 계약유리 내외명결。 기
決定　論法無厭　求法不倦　戒若琉璃　內外明潔。　其

소언설 영중열복。 격법고 건법당 요혜일 파치암。
所言說　令衆悅服。　擊法鼓　建法幢　曜慧日　破癡闇。

순정온화 적정명찰 위대도사 조복자타。 인도군
淳淨溫和　寂定明察　爲大導師　調伏自他。　引導羣

생 사제애착 영리삼구 유희신통。 인연원력 출생
生　捨諸愛著　永離三垢　遊戲神通。　因緣願力　出生

선근 최복일체마군。 존중봉사제불 위세명등 최
善根 摧伏一切魔軍。 尊重奉事諸佛 爲世明燈 最

승복전 수승길상 감수공양。 혁혁환희 웅맹무외。
勝福田 殊勝吉祥 堪受供養。 赫奕歡喜 雄猛無畏。

신색상호 공덕변재 구족장엄 무여등자。 상위제
身色相好 功德辯才 具足莊嚴 無與等者。 常爲諸

불소공칭찬 구경보살제바라밀。 이상안주불생불멸
佛所共稱讚 究竟菩薩諸波羅蜜。 而常安住不生不滅

제삼마지 행편도량 원이승경。 아난 아금약설 피
諸三摩地 行遍道場 遠二乘境。 阿難 我今略說 彼

극락계 소생보살 진실공덕 실개여시。 약광설자
極樂界 所生菩薩 眞實功德 悉皆如是。 若廣說者

백천만겁 불능궁진。
百千萬劫 不能窮盡。

제삼십이 수락무극
第三十二 壽樂無極

불고미륵보살 제천인등。 무량수국 성문보살 공
佛告彌勒菩薩 諸天人等。 無量壽國 聲聞菩薩 功

덕지혜 불가칭설。 우기국토 미묘안락 청정약차。
德智慧 不可稱說。 又其國土 微妙安樂 清淨若此。

하불력위선 염도지자연。 출입공양 관경행도 희
何不力爲善 念道之自然。 出入供養 觀經行道 喜

락구습 재맹지혜 심불중회 의무해시。 외약지완
樂久習 才猛智慧 心不中廻 意無懈時。 外若遲緩

내독사급。 용용허공 적득기중 중표상응 자연엄
內獨馺急。 容容虛空 適得其中 中表相應 自然嚴

정。 검렴단직 신심결정 무유애탐 지원안정 무
整。 檢斂端直 身心潔淨 無有愛貪 志願安定 無

증결감。 구도화정 불오경사。 수경약령 불감차질
增缺減。 求道和正 不誤傾邪。 隨經約令 不敢蹉跌

약어승묵 함위도모。 광무타념 무유우사。 자연무
若於繩墨 咸爲道慕。 曠無他念 無有憂思。 自然無

위 허공무립 담안무욕。 작득선원 진심구색 함
爲 虛空無立 淡安無欲。 作得善願 盡心求索 含

애자민 예의도합。 포라표리 과도해탈。 자연보수
哀慈愍 禮義都合。 苞羅表裏 過度解脫。 自然保守

진진결백。 지원무상 정정안락。 일단개달명철 자
眞眞潔白。 志願無上 淨定安樂。 一旦開達明徹 自

연중자연상 자연지유근본。 자연광색참회 전변최
然中自然相 自然之有根本。 自然光色參廻 轉變最

승 울단성칠보 횡람성만물。 광정명구출 선호수
勝 鬱單成七寶 橫攬成萬物。 光精明俱出 善好殊

무비 저어무상하 통달무변제。 의각근정진 노력
無比 著於無上下 洞達無邊際。 宜各勤精進 努力

자구지。 필득초절거 왕생무량청정아미타불국。 횡
自求之。 必得超絶去 往生無量淸淨阿彌陀佛國。 橫

절어오취 악도자폐색。 무극지승도 이왕이무인。
截於五趣 惡道自閉塞。 無極之勝道 易往而無人。

기국불역위　자연소견수。　연지약허공　근행구도덕
其 國 不 逆 違　自 然 所 牽 隨。　捐 志 若 虛 空　勤 行 求 道 德

가득극장생　수락무유극。　하위착세사　요뇨우무상。
可 得 極 長 生　壽 樂 無 有 極。　何 爲 著 世 事　譊 譊 憂 無 常。

제삼십삼 권유책진
第三十三 勸諭策進

세인공쟁불급지무　어차극악극고지중　근신영무
世 人 共 爭 不 急 之 務　於 此 劇 惡 極 苦 之 中　勤 身 營 務

이자급제。　존비빈부　소장　남녀　누념적려　위심
以 自 給 濟。　尊 卑 貧 富　少 長　男 女　累 念 積 慮　爲 心

주사。　무전우전　무택우택　권속재물　유무동우。
走 使。　無 田 憂 田　無 宅 憂 宅　眷 屬 財 物　有 無 同 憂。

유일소일　사욕제등　적소구유　우우비상。　수화도
有 一 少 一　思 欲 齊 等　適 小 具 有　又 憂 非 常。　水 火 盜

적　원가채주　분표겁탈　소산마멸。　심간의고　무
賊　怨 家 債 主　焚 漂 劫 奪　消 散 磨 滅。　心 慳 意 固　無

능종사。　명종기연　막수수자。　빈부동연　우고만
能 縱 捨。　命 終 棄 捐　莫 誰 隨 者。　貧 富 同 然　憂 苦 萬

단。　세간인민　부자형제　부부친속　당상경애　무
端。　世 間 人 民　父 子 兄 弟　夫 婦 親 屬　當 相 敬 愛　無

상증질。　유무상통　무득탐석。　언색상화　막상위
相 憎 嫉。　有 無 相 通　無 得 貪 惜。　言 色 常 和　莫 相 違

려。 혹시심쟁 유소에노 후세전극 지성대원。 세
戾。 或時心諍 有所恚怒 後世轉劇 至成大怨。 世

간지사 갱상환해 수부임시 응급상파。 인재애
間之事 更相患害 雖不臨時 應急想破。 人在愛

욕지중 독생독사 독거독래 고락자당 무유대자。
欲之中 獨生獨死 獨去獨來 苦樂自當 無有代者。

선악변화 추축소생 도로부동 회견무기。 하불어
善惡變化 追逐所生 道路不同 會見無期。 何不於

강건시 노력수선 욕하대호。 세인선악 자불능견
強健時 努力修善 欲何待乎。 世人善惡 自不能見

길흉화복 경각작지。 신우신암 전수여교 전도상
吉凶禍福 競各作之。 身遇神闇 轉受餘敎 顚倒相

속 무상근본。 몽명저돌 불신경법 심무원려 각
續 無常根本。 蒙冥抵突 不信經法 心無遠慮 各

욕쾌의。 미어진에 탐어재색 종불휴지 애재가상。
欲快意。 迷於瞋恚 貪於財色 終不休止 哀哉可傷。

선인불선 불식도덕 무유어자 수무괴야。 사생지
先人不善 不識道德 無有語者 殊無怪也。 死生之

취 선악지도 도부지신 위무유시。 갱상첨시 차
趣 善惡之道 都不之信 謂無有是。 更相瞻視 且

자견지。 혹부곡자 혹자곡부 형제부부 갱상곡읍。
自見之。 或父哭子 或子哭父 兄弟夫婦 更相哭泣。

일사일생 질상고연 우애결박 무유해시。 사상은
一死一生 迭相顧戀 憂愛結縛 無有解時。 思想恩

호 불리정욕 불능심사숙계 전정행도。 연수선진
好 不離情欲 不能深思熟計 專精行道。 年壽旋盡

무가내하。 혹도자중 오도자소。 각회살독 악기명
無可奈何。 惑道者衆 悟道者少。 各懷殺毒 惡氣冥

명 위망흥사 위역천지 자의죄극 돈탈기수 하입
冥 爲妄興事 違逆天地 恣意罪極 頓奪其壽 下入

악도 무유출기。 약조당숙사계 원리중악 택기선
惡道 無有出期。 若曹當熟思計 遠離衆惡 擇其善

자 근이행지。 애욕영화 불가상보 개당별리 무
者 勤而行之。 愛欲榮華 不可常保 皆當別離 無

가락자。 당근정진 생안락국。 지혜명달 공덕수
可樂者。 當勤精進 生安樂國。 智慧明達 功德殊

승。 물득수심소욕 휴부경계 재인후야。
勝。 勿得隨心所欲 虧負經戒 在人後也。

제삼십사 심득개명
第三十四 心得開明

미륵백언。 불어교계 심심심선 개몽자은해탈우
彌勒白言。 佛語教戒 甚深甚善 皆蒙慈恩解脫憂

고。 불위법왕 존초군성 광명철조 통달무극 보
苦。 佛爲法王 尊超羣聖 光明徹照 洞達無極 普

위일체천인지사。 금득치불 부문무량수성 미불환
爲一切天人之師。 今得值佛 復聞無量壽聲 靡不歡

희 심득개명。 불고미륵。 경어불자 시위대선 실
喜 心得開明。 佛告彌勒。 敬於佛者 是爲大善 實

당염불 절단호의。 발제애욕 두중악원 유보삼
當念佛 截斷狐疑。 拔諸愛欲 杜衆惡源 遊步三

계 무소괘애。 개시정도 도미도자。 약조당지。 시
界 無所罣礙。 開示正道 度未度者。 若曹當知。 十

방인민 영겁이래 전전오도。 우고부절 생시고통
方人民 永劫以來 輾轉五道。 憂苦不絶 生時苦痛

노역고통 병극고통 사극고통。 악취부정 무가락
老亦苦痛 病極苦痛 死極苦痛。 惡臭不淨 無可樂

자。 의자결단 세제심구 언행충신 표리상응。 인
者。 宜自決斷 洗除心垢 言行忠信 表裏相應。 人

능자도 전상증제 지심구원 적루선본。 수일세정
能自度 轉相拯濟 至心求願 積累善本。 雖一世精

진근고 수유간이。 후생무량수국 쾌락무극 영발
進勤苦 須臾間耳。 後生無量壽國 快樂無極 永拔

생사지본 무부고뇌지환。 수천만겁 자재수의。 의
生死之本 無復苦惱之患。 壽千萬劫 自在隨意。 宜

각정진 구심소원 무득의회 자위과구。 생피변지
各精進 求心所願 無得疑悔 自爲過咎。 生彼邊地

칠보성중 어오백세 수제액야。 미륵백언。 수불명
七寶城中 於五百歲 受諸厄也。 彌勒白言。 受佛明

회 전정수학 여교봉행 불감유의。
誨 專精修學 如敎奉行 不敢有疑。

제삼십오 탁세악고
第三十五 濁世惡苦

불고미륵。 여등능어차세 단심정의 불위중악 심
佛告彌勒。 汝等能於此世 端心正意 不爲衆惡 甚

위대덕。 소이자하。 시방세계 선다악소 이가개
爲大德。 所以者何。 十方世界 善多惡少 易可開

화。 유차오악세간 최위극고。 아금어차작불 교화
化。 唯此五惡世間 最爲劇苦。 我今於此作佛 敎化

군생 영사오악 거오통 이오소。 강화기의 영지
羣生 令捨五惡 去五痛 離五燒。 降化其意 令持

오선 획기복덕。 하등위오。 기일자 세간제중생
五善 獲其福德。 何等爲五。 其一者 世間諸衆生

류 욕위중악 강자복약 전상극적 잔해살상 질
類 欲爲衆惡 强者伏弱 轉相剋賊 殘害殺傷 迭

상탄담 부지위선 후수앙벌。 고유궁걸 고독 농
相呑噉 不知爲善 後受殃罰。 故有窮乞 孤獨 聾

맹 음아 치악 왕광 개인전세불신도덕 불긍위
盲 瘖瘂 痴惡 尫狂 皆因前世不信道德 不肯爲

선。 기유존귀 호부 현명 장자 지용 재달 개유
善。 其有尊貴 豪富 賢明 長者 智勇 才達 皆有

숙세자효 수선적덕소치。 세간유차목전현사 수
宿世慈孝 修善積德所致。 世間有此目前現事 壽

종지후 입기유명 전생수신 개형역도。 고유니리
終之後 入其幽冥 轉生受身 改形易道。 故有泥犂

금수 연비연동지속。 비여세법뢰옥 극고극형 혼
禽獸 蜎飛蠕動之屬。 譬如世法牢獄 劇苦極刑 魂

신명정 수죄취향。 소수수명 혹장혹단 상종공생
神命精 隨罪趣向。 所受壽命 或長或短 相從共生

갱상보상。 앙악미진 종부득리 전전기중 누겁난
更相報償。 殃惡未盡 終不得離 輾轉其中 累劫難

출 난득해탈 통불가언。 천지지간 자연유시 수
出 難得解脫 痛不可言。 天地之間 自然有是 雖

부즉시폭응 선악회당귀지。 기이자 세간인민 불
不卽時暴應 善惡會當歸之。 其二者 世間人民 不

순법도。 사음교종 임심자자 거상불명 재위부정。
順法度。 奢婬驕縱 任心自恣 居上不明 在位不正。

함인원왕 손해충량 심구각이 기위다단。 존비중
陷人冤枉 損害忠良 心口各異 機僞多端。 尊卑中

외 갱상기광 진에우치 욕자후기。 욕탐다유 이
外 更相欺誑 瞋恚愚癡 欲自厚己。 欲貪多有 利

해승부。 결분성수 파가망신 불고전후。 부유간석
害勝負。 結忿成讎 破家亡身 不顧前後。 富有慳惜

불긍시여。 애보탐중 심로신고 여시지경 무일수
不肯施與。 愛保貪重 心勞辛苦 如是至竟 無一隨

자。 선악화복 추명소생。 혹재락처 혹입고독 우
者。 善惡禍福 追命所生。 或在樂處 或入苦毒 又

혹견선증방 불사모급。 상회도심 희망타리 용자
或見善憎謗 不思慕及。 常懷盜心 悕望他利 用自

공급。 소산부취 신명극식 종입악도。 자유삼도무
供給。 消散復取 神明剋識 終入惡道。 自有三途無

량고뇌。 전전기중 누겁난출 통불가언。 기삼자
量苦惱。 輾轉其中 累劫難出 痛不可言。 其三者

세간인민 상인기생 수명기하。 불량지인 신심부
世間人民 相因寄生 壽命幾何。 不良之人 身心不

정 상회사악 상념음질。 번만흉중 사태외일 비
正 常懷邪惡 常念婬姝。 煩滿胸中 邪態外逸 費

손가재 사위비법。 소당구자 이불긍위。 우혹교결
損家財 事爲非法。 所當求者 而不肯爲。 又或交結

취회 흥병상벌 공겁살륙 강탈박협 귀급처자 극
聚會 興兵相伐 攻劫殺戮 强奪迫脅 歸給妻子 極

신작락。 중공증염 환이고지。 여시지악 저어인귀
身作樂。 衆共憎厭 患而苦之。 如是之惡 著於人鬼

신명기식 자입삼도。 무량고뇌 전전기중 누겁난
神明記識 自入三途。 無量苦惱 輾轉其中 累劫難

출 통불가언。 기사자 세간인민 불념수선 양설
出 痛不可言。 其四者 世間人民 不念修善 兩舌

악구 망언 기어。 증질선인 패괴현명。 불효부모
惡口 妄言 綺語。 憎嫉善人 敗壞賢明。 不孝父母

경만사장。 붕우무신 난득성실。 존귀자대 위기유
輕慢師長。 朋友無信 難得誠實。 尊貴自大 謂己有

도。 횡행위세 침이어인 욕인외경 부자참구 난
道。 橫行威勢 侵易於人 欲人畏敬 不自慚懼 難

가강화 상회교만。 뇌기전세 복덕영호 금세위악
可降化 常懷驕慢。 賴其前世 福德營護 今世爲惡

복덕진멸 수명종진 제악요귀。 우기명적 기재신
福德盡滅 壽命終盡 諸惡繞歸。 又己名籍 記在神

명 앙구견인 무종사리。 단득전행 입어화확 신
明　殃咎牽引　無從捨離。　但得前行　入於火鑊　身

심최쇄 신형고극。 당사지시 회복하급。 기오자
心摧碎　神形苦極。　當斯之時　悔復何及。　其五者

세간인민 사의해태 불긍작선 치신수업。 부모교
世間人民　徒倚懈怠　不肯作善　治身修業。　父母教

회 위려반역。 비여원가 불여무자。 부은위의 무
誨　違戾反逆。　譬如怨家　不如無子。　負恩違義　無

유보상。 방자유산 탐주기미 노호저돌 불식인정。
有報償。　放恣遊散　耽酒嗜美　魯扈抵突　不識人情。

무의무례 불가간효。 육친권속 자용유무 불능우
無義無禮　不可諫曉。　六親眷屬　資用有無　不能憂

념 불유부모지은 부존사우지의。 의념신구 증무
念　不惟父母之恩　不存師友之義。　意念身口　曾無

일선。 불신제불경법 불신생사선악。 욕해진인 투
一善。　不信諸佛經法　不信生死善惡。　欲害眞人　鬪

란승중。 우치몽매 자위지혜。 부지생소종래 사
亂僧衆。　愚癡蒙昧　自爲智慧。　不知生所從來　死

소취향。 불인불순 희망장생 자심교회 이불긍신。
所趣向。　不仁不順　希望長生　慈心教誨　而不肯信。

고구여어 무익기인 심중폐색 의불개해。 대명장
苦口與語　無益其人　心中閉塞　意不開解。　大命將

종 회구교지 불예수선 임시내회 회지어후 장
終　悔懼交至　不豫修善　臨時乃悔　悔之於後　將

하급호。 천지지간 오도분명 선악보응 화복상승
何及乎。　天地之間　五道分明　善惡報應　禍福相承

신자당지 무수대자。 선인행선 종락입락 종명입
身自當之 無誰代者。 善人行善 從樂入樂 從明入

명。 악인행악 종고입고 종명입명。 수능지자 독
明。 惡人行惡 從苦入苦 從冥入冥。 誰能知者 獨

불지이。 교어개시 신행자소 생사불휴 악도부절。
佛知耳。 教語開示 信行者少 生死不休 惡道不絶。

여시세인 난가구진。 고유자연삼도 무량고뇌 전
如是世人 難可具盡。 故有自然三途 無量苦惱 輾

전기중。 세세누겁 무유출기 난득해탈 통불가언。
轉其中。 世世累劫 無有出期 難得解脫 痛不可言。

여시오악오통오소 비여대화 분소인신。 약능자
如是五惡五痛五燒 譬如大火 焚燒人身。 若能自

어기중 일심제의 단신정념。 언행상부 소작지성
於其中 一心制意 端身正念。 言行相副 所作至誠

독작제선 불위중악。 신독도탈 획기복덕。 가득장
獨作諸善 不爲衆惡。 身獨度脫 獲其福德。 可得長

수니원지도 시위오대선야。
壽泥洹之道 是爲五大善也。

제삼십육 중중회면
第三十六 重重誨勉

불고미륵。 오어여등 여시오악오통오소 전전상생
佛告彌勒。 吾語汝等 如是五惡五痛五燒 輾轉相生

감유범차　당력악취。　혹기금세　선피병앙　사생부
敢有犯此　當歷惡趣。　或其今世　先彼病殃　死生不

득　시중견지。　혹어수종　입삼악도　수통혹독　자
得　示衆見之。　或於壽終　入三惡道　愁痛酷毒　自

상초연。　공기원가　갱상살상　종소미기　성대곤극。
相燋然。　共其怨家　更相殺傷　從小微起　成大困劇。

개유탐착재색　불긍시혜。　각욕자쾌　무부곡직　치
皆由貪著財色　不肯施惠。　各欲自快　無復曲直　癡

욕소박　후기쟁리。　부귀영화　당시쾌의　불능인욕
欲所迫　厚己爭利。　富貴榮華　當時快意　不能忍辱

불무수선　위세무기　수이마멸。　천도시장　자연규
不務修善　威勢無幾　隨以磨滅。　天道施張　自然糾

거　경경종종　당입기중　고금유시　통재가상。　여
舉　縈縈忪忪　當入其中　古今有是　痛哉可傷。　汝

등득불경어　숙사유지。　각자단수　종신불태。　존성
等得佛經語　熟思惟之。　各自端守　終身不怠。　尊聖

경선　인자박애。　당구도세　발단생사중악지본。　당
敬善　仁慈博愛。　當求度世　拔斷生死衆惡之本。　當

리삼도　우포고통지도。　약조작선　운하제일。　당
離三途　憂怖苦痛之道。　若曹作善　云何第一。　當

자단심　당자단신　이목구비　개당자단。　신심정결
自端心　當自端身　耳目口鼻　皆當自端。　身心淨潔

여선상응　물수기욕　불범제악。　언색당화　신행당
與善相應　勿隨嗜欲　不犯諸惡。　言色當和　身行當

전　동작첨시　안정서위。　작사창졸　패회재후　위
專　動作瞻視　安定徐爲。　作事倉卒　敗悔在後　爲

지불체 망기공부。
之不諦 亡其功夫。

제삼십칠 여빈득보
第三十七 如貧得寶

여등광식덕본 물범도금。인욕정진 자심전일 재
汝等廣植德本 勿犯道禁。 忍辱精進 慈心專一 齋

계청정 일일일야 승재무량수국위선백세。소이
戒淸淨 一日一夜 勝在無量壽國爲善百歲。 所以

자하 피불국토 개적덕중선 무호발지악。어차수
者何 彼佛國土 皆積德衆善 無毫髮之惡。 於此修

선십일십야 승어타방제불국중 위선천세。소이
善十日十夜 勝於他方諸佛國中 爲善千歲。 所以

자하 타방불국 복덕자연 무조악지지。유차세간
者何 他方佛國 福德自然 無造惡之地。 唯此世間

선소악다 음고식독 미상녕식。오애여등 고심회
善少惡多 飮苦食毒 未嘗寧息。 吾哀汝等 苦心誨

유 수여경법 실지사지 실봉행지。존비남녀 권
喻 授與經法 悉持思之 悉奉行之。 尊卑男女 眷

속붕우 전상교어 자상약검 화순의리 환락자효。
屬朋友 轉相敎語 自相約檢 和順義理 歡樂慈孝。

소작여범 즉자회과 거악취선 조문석개。봉지경
所作如犯 則自悔過 去惡就善 朝聞夕改。 奉持經

계 여빈득보 개왕수래 쇄심역행 자연감항 소
戒 如貧得寶 改往修來 洒心易行 自然感降 所

원첩득。 불소행처 국읍구취 미불몽화。 천하화
願輒得。 佛所行處 國邑丘聚 靡不蒙化。 天下和

순 일월청명 풍우이시 재려불기 국풍민안 병과
順 日月淸明 風雨以時 災厲不起 國豊民安 兵戈

무용 숭덕흥인 무수례양 국무도적 무유원왕 강
無用 崇德興仁 務修禮讓 國無盜賊 無有冤枉 強

불릉약 각득기소。 아애여등 심어부모념자 아어
不凌弱 各得其所。 我哀汝等 甚於父母念子 我於

차세작불 이선공악 발생사지고 영획오덕 승무
此世作佛 以善攻惡 拔生死之苦 令獲五德 升無

위지안。 오반니원 경도점멸 인민첨위 부위중악
爲之安。 吾般泥洹 經道漸滅 人民諂僞 復爲衆惡

오소오통 구후전극。 여등전상교계 여불경법 무
五燒五痛 久後轉劇。 汝等轉相敎誡 如佛經法 無

득범야。 미륵보살 합장백언 세인악고 여시여시。
得犯也。 彌勒菩薩 合掌白言 世人惡苦 如是如是。

불개자애 실도탈지 수불중회 불감위실。
佛皆慈哀 悉度脫之 受佛重誨 不敢違失。

제삼십팔 예불현광
第三十八 禮佛現光

불고아난。 약조욕견무량청정평등각 급제보살아
佛 告 阿 難。 若 曹 欲 見 無 量 淸 淨 平 等 覺 及 諸 菩 薩 阿

라한등소거국토 응기서향 당일몰처 공경정례 칭
羅 漢 等 所 居 國 土 應 起 西 向 當 日 沒 處 恭 敬 頂 禮 稱

넘나무아미타불。 아난즉종좌기 면서합장정례백
念 南 無 阿 彌 陀 佛。 阿 難 卽 從 座 起 面 西 合 掌 頂 禮 白

언。 아금원견극락세계아미타불 공양봉사 종제선
言。 我 今 願 見 極 樂 世 界 阿 彌 陀 佛 供 養 奉 事 種 諸 善

근。 정례지간 홀견아미타불 용안광대 색상단엄
根。 頂 禮 之 間 忽 見 阿 彌 陀 佛 容 顏 廣 大 色 相 端 嚴

여황금산 고출일체제세계상。 우문시방세계제불여
如 黃 金 山 高 出 一 切 諸 世 界 上。 又 聞 十 方 世 界 諸 佛 如

래 칭양찬탄 아미타불종종공덕 무애무단。 아난
來 稱 揚 讚 歎 阿 彌 陀 佛 種 種 功 德 無 礙 無 斷。 阿 難

백언。 피불정찰 득미증유 아역원락생어피토。 세
白 言。 彼 佛 淨 刹 得 未 曾 有 我 亦 願 樂 生 於 彼 土。 世

존고언。 기중생자 이증친근무량제불 식중덕본。
尊 告 言。 其 中 生 者 已 曾 親 近 無 量 諸 佛 植 衆 德 本。

여욕생피 응당일심귀의첨앙。 작시어시 아미타불
汝 欲 生 彼 應 當 一 心 歸 依 瞻 仰。 作 是 語 時 阿 彌 陀 佛

즉어장중방무량광 보조일체제불세계。 시제불국
卽 於 掌 中 放 無 量 光 普 照 一 切 諸 佛 世 界。 時 諸 佛 國

개실명현 여처일심。 이아미타불수승광명 극청정
皆悉明現　如處一尋。　以阿彌陀佛殊勝光明　極淸淨

고。 어차세계소유흑산 설산 금강 철위 대소제산
故。　於此世界所有黑山　雪山　金剛　鐵圍　大小諸山

강하 총림 천인궁전 일체경계 무불조견。 비여일
江河　叢林　天人宮殿　一切境界　無不照見。　譬如日

출 명조세간 내지니리 계곡 유명지처 실대개벽
出　明照世間　乃至泥犂　谿谷　幽冥之處　悉大開闢

개동일색。 유여겁수미만세계 기중만물 침몰불현
皆同一色。　猶如劫水彌滿世界　其中萬物　沉沒不現

황양호한 유견대수 피불광명 역부여시。 성문보
滉瀁浩汗　唯見大水　彼佛光明　亦復如是。　聲聞菩

살 일체광명 실개은폐。 유견불광 명요현혁。 차
薩　一切光明　悉皆隱蔽。　唯見佛光　明耀顯赫。　此

회사중 천룡팔부 인비인등 개견극락세계 종종장
會四衆　天龍八部　人非人等　皆見極樂世界　種種莊

엄。 아미타불 어피고좌 위덕외외 상호광명 성문
嚴。　阿彌陀佛　於彼高座　威德巍巍　相好光明　聲聞

보살 위요공경。 비여수미산왕 출어해면 명현조
菩薩　圍繞恭敬。　譬如須彌山王　出於海面　明現照

요 청정평정 무유잡예 급이형류 유시중보 성현
耀　淸淨平正　無有雜穢　及異形類　唯是衆寶　聖賢

공주。 아난급제보살중등 개대환희 용약작례 이
共住。　阿難及諸菩薩衆等　皆大歡喜　踊躍作禮　以

두착지 칭념나무아미타삼먁삼불타。 제천인민 이
頭著地　稱念南無阿彌陀三藐三佛陀。　諸天人民　以

지연비연동 도사광자 소유질고 막불휴지。 일체
至蜎飛蠕動 覩斯光者 所有疾苦 莫不休止。 一切

우뇌 막불해탈 실개자심작선 환희쾌락。 종경금
憂惱 莫不解脫 悉皆慈心作善 歡喜快樂。 鐘磬琴

슬 공후악기 불고자연개작오음。 제불국중 제천
瑟 箜篌樂器 不鼓自然皆作五音。 諸佛國中 諸天

인민 각지화향 내어허공 산작공양。 이시극락세
人民 各持花香 來於虛空 散作供養。 爾時極樂世

계 과어서방백천구지나유타국 이불위력 여대목
界 過於西方百千俱胝那由他國 以佛威力 如對目

전 여정천안관일심지。 피견차토 역부여시 실도
前 如淨天眼觀一尋地。 彼見此土 亦復如是 悉覩

사바세계 석가여래 급비구중 위요설법。
娑婆世界 釋迦如來 及比丘衆 圍繞說法。

제삼십구 자씨술견
第三十九 慈氏述見

이시불고아난 급자씨보살。 여견극락세계 궁전누
爾時佛告阿難 及慈氏菩薩。 汝見極樂世界 宮殿樓

각 천지림수 구족미묘 청정장엄부。 여견욕계제천
閣 泉池林樹 具足微妙 清淨莊嚴否。 汝見欲界諸天

상지색구경천 우제향화 편불찰부。 아난대왈 유
上至色究竟天 雨諸香華 徧佛刹否。 阿難對曰 唯

연이견。 여문아미타불대음선포일체세계 화중생부。
然已見。 汝聞阿彌陀佛大音宣佈一切世界 化衆生否。

아난대왈 유연이문。 불언。 여견피국정행지중 유
阿難對曰 唯然已聞。 佛言。 汝見彼國淨行之衆 遊

처허공 궁전수신 무소장애 편지시방공양제불부。
處虛空 宮殿隨身 無所障礙 徧至十方供養諸佛否。

급견피등염불상속부。 부유중조주허공계 출종종
及見彼等念佛相續否。 復有衆鳥住虛空界 出種種

음 개시화작 여실견부。 자씨백언。 여불소설 일
音 皆是化作 汝悉見否。 慈氏白言。 如佛所說 一

일개견。 불고미륵。 피국인민유태생자 여부견부。
一皆見。 佛告彌勒。 彼國人民有胎生者 汝復見否。

미륵백언。 세존 아견극락세계인주태자 여야마천
彌勒白言。 世尊 我見極樂世界人住胎者 如夜摩天

처어궁전。 우견중생 어연화내결가부좌 자연화
處於宮殿。 又見衆生 於蓮華內結跏趺坐 自然化

생。 하인연고。 피국인민 유태생자 유화생자。
生。 何因緣故。 彼國人民 有胎生者 有化生者。

제사십 변지의성
第四十 邊地疑城

불고자씨 약유중생 이의혹심수제공덕 원생피국。
佛告慈氏 若有衆生 以疑惑心修諸功德 願生彼國。

불료불지　부사의지　불가칭지　대승광지　무등무
不了佛智　不思議智　不可稱智　大乘廣智　無等無

륜최상승지。어차제지의혹불신。유신죄복　수습
倫最上勝智。於此諸智疑惑不信。猶信罪福　修習

선본　원생기국。부유중생　적집선근　희구불지
善本　願生其國。復有衆生　積集善根　希求佛智

보편지　무등지　위덕광대부사의지。어자선근　불
普遍智　無等智　威德廣大不思議智。於自善根　不

능생신。고어왕생청정불국　의지유예　무소전거。
能生信。故於往生淸淨佛國　意志猶豫　無所專據。

연유속념부절　결기선원위본　속득왕생。시제인등
然猶續念不絶　結其善願爲本　續得往生。是諸人等

이차인연　수생피국　불능전지무량수소　도지불국
以此因緣　雖生彼國　不能前至無量壽所　道止佛國

계변칠보성중。불불사이　신행소작　심자취향。역
界邊七寶城中。佛不使爾　身行所作　心自趣向。亦

유보지연화　자연수신　음식쾌락　여도리천　어기
有寶池蓮華　自然受身　飮食快樂　如忉利天　於其

성중　불능득출　소거사택재지　불능수의고대。어
城中　不能得出　所居舍宅在地　不能隨意高大。於

오백세　상불견불　불문경법　불견보살성문성중。
五百歲　常不見佛　不聞經法　不見菩薩聲聞聖衆。

기인지혜불명　지경부소　심불개해　의불환락。시
其人智慧不明　知經復少　心不開解　意不歡樂。是

고어피　위지태생。약유중생　명신불지　내지승지
故於彼　謂之胎生。若有衆生　明信佛智　乃至勝智

단제의혹 신기선근 작제공덕 지심회향 개어칠
斷除疑惑 信己善根 作諸功德 至心廻向 皆於七

보화중 자연화생 가부이좌。 수유지경 신상광명
寶華中 自然化生 跏趺而坐。 須臾之頃 身相光明

지혜공덕 여제보살 구족성취。 미륵당지 피화생
智慧功德 如諸菩薩 具足成就。 彌勒當知 彼化生

자 지혜승고 기태생자 오백세중 불견삼보。 부
者 智慧勝故 其胎生者 五百歲中 不見三寶。 不

지보살법식 부득수습공덕 무인봉사무량수불。 당
知菩薩法式 不得修習功德 無因奉事無量壽佛。 當

지차인 숙세지시 무유지혜 의혹소치。
知此人 宿世之時 無有智慧 疑惑所致。

제사십일 혹진견불
第四十一 惑盡見佛

비여전륜성왕 유칠보옥。 왕자득죄 금폐기중 층
譬如轉輪聖王 有七寶獄。 王子得罪 禁閉其中 層

루기전 보장금상 난창탑좌 묘식기진 음식의복
樓綺殿 寶帳金牀 欄窗榻座 妙飾奇珍 飲食衣服

여전륜왕。 이이금쇄 계기양족 제소왕자 영락차
如轉輪王。 而以金鏁 繫其兩足 諸小王子 寧樂此

부。 자씨백언。 불야 세존。 피유집시 심부자재
否。 慈氏白言。 不也 世尊。 彼幽縶時 心不自在

단이종종방편 욕구출리 구제근신 종부종심。 윤
但 以 種 種 方 便　欲 求 出 離　求 諸 近 臣　終 不 從 心。　輪

왕환희 방득해탈。 불고미륵。 차제중생 역부여
王 歡 喜　方 得 解 脫。　佛 告 彌 勒。　此 諸 衆 生　亦 復 如

시。 약유타어의회 희구불지 지광대지。 어자선
是。　若 有 墮 於 疑 悔　希 求 佛 智　至 廣 大 智。　於 自 善

근 불능생신 유문불명 기신심고 수생피국 어연
根　不 能 生 信　由 聞 佛 名　起 信 心 故　雖 生 彼 國　於 蓮

화중 부득출현 피처화태 유여원원궁전지상。 하
華 中　不 得 出 現　彼 處 華 胎　猶 如 園 苑 宮 殿 之 想。　何

이고。 피중청정 무제예악 연어오백세중 불견삼
以 故。　彼 中 清 淨　無 諸 穢 惡　然 於 五 百 歲 中　不 見 三

보 부득공양 봉사제불 원리일체수승선근。 이차
寶　不 得 供 養　奉 事 諸 佛　遠 離 一 切 殊 勝 善 根。　以 此

위고 불생흔락。 약차중생 식기죄본 심자회책
爲 苦　不 生 欣 樂。　若 此 衆 生　識 其 罪 本　深 自 悔 責

구리피처。 왕석세중 과실진이 연후내출。 즉득왕
求 離 彼 處。　往 昔 世 中　過 失 盡 已　然 後 乃 出。　卽 得 往

예무량수소 청문경법 구구역당개해환희 역득변
詣 無 量 壽 所　聽 聞 經 法　久 久 亦 當 開 解 歡 喜　亦 得 徧

공무수무량제불 수제공덕。 여아일다당지。 의혹
供 無 數 無 量 諸 佛　修 諸 功 德。　汝 阿 逸 多 當 知。　疑 惑

어제보살 위대손해 위실대리。 시고응당명신제불
於 諸 菩 薩　爲 大 損 害　爲 失 大 利。　是 故 應 當 明 信 諸 佛

무상지혜。 자씨백언。 운하차계일류중생 수역수
無 上 智 慧。　慈 氏 白 言。　云 何 此 界 一 類 衆 生　雖 亦 修

선 이불구생。 불고자씨。 차등중생 지혜미천 분
善 而不求生。 佛告慈氏。 此等衆生 智慧微淺 分

별서방 불급천계 시이비락 불구생피。 자씨백언。
別西方 不及天界 是以非樂 不求生彼。 慈氏白言。

차등중생 허망분별 불구불찰 하면윤회。 불언。
此等衆生 虛妄分別 不求佛刹 何免輪廻。 佛言。

피등소종선근 불능리상 불구불혜 심착세락 인
彼等所種善根 不能離相 不求佛慧 深著世樂 人

간복보。 수부수복 구인천과 득보지시 일체풍족
間福報。 雖復修福 求人天果 得報之時 一切豊足

이미능출삼계옥중。 가사부모처자 남녀권속 욕
而未能出三界獄中。 假使父母妻子 男女眷屬 欲

상구면 사견업왕 미능사리 상처윤회 이부자재。
相救免 邪見業王 未能捨離 常處輪廻 而不自在。

여견우치지인 부종선근 단이세지총변 증익사심。
汝見愚痴之人 不種善根 但以世智聰辯 增益邪心。

운하출리생사대난。 부유중생 수종선근 작대복전
云何出離生死大難。 復有衆生 雖種善根 作大福田

취상분별 정집심중 구출윤회 연불능득。 약이무
取相分別 情執深重 求出輪廻 然不能得。 若以無

상지혜 식중덕본 신심청정 원리분별 구생정찰
相智慧 植衆德本 身心淸淨 遠離分別 求生淨刹

취불보리 당생불찰 영득해탈。
趣佛菩提 當生佛刹 永得解脫。

제사십이 보살왕생
第四十二 菩薩往生

미륵보살백불언 금차사바세계 급제불찰 불퇴보
彌勒菩薩白佛言 今此娑婆世界 及諸佛刹 不退菩

살 당생극락국자 기수기하。 불고미륵 어차세계
薩 當生極樂國者 其數幾何。 佛告彌勒 於此世界

유칠백이십억보살 이증공양무량제불 식중덕본
有七百二十億菩薩 已曾供養無量諸佛 植衆德本

당생피국。 제소행보살 수습공덕 당왕생자 불가
當生彼國。 諸小行菩薩 修習功德 當往生者 不可

칭계。 부단아찰제보살등왕생피국 타방불토 역부
稱計。 不但我刹諸菩薩等往生彼國 他方佛土 亦復

여시。 종원조불찰 유십팔구지나유타보살마하살
如是。 從遠照佛刹 有十八俱胝那由他菩薩摩訶薩

생피국토。 동북방보장불찰 유구십억불퇴보살 당
生彼國土。 東北方寶藏佛刹 有九十億不退菩薩 當

생피국。 종무량음불찰 광명불찰 용천불찰 승력
生彼國。 從無量音佛刹 光明佛刹 龍天佛刹 勝力

불찰 사자불찰 이진불찰 덕수불찰 인왕불찰 화
佛刹 師子佛刹 離塵佛刹 德首佛刹 仁王佛刹 華

당불찰 불퇴보살당왕생자 혹수십백억 혹수백천
幢佛刹 不退菩薩當往生者 或數十百億 或數百千

억 내지만억。 기제십이불명무상화 피유무수제보
億 乃至萬億。 其第十二佛名無上華 彼有無數諸菩

살중 개불퇴전。 지혜용맹 이증공양무량제불 구
薩衆　皆不退轉。　智慧勇猛　已曾供養無量諸佛　具

대정진 발취일승。 어칠일중 즉능섭취백천억겁
大精進　發趣一乘。　於七日中　卽能攝取百千億劫

대사소수견고지법。 사등보살 개당왕생。 기제십
大士所修堅固之法。　斯等菩薩　皆當往生。　其第十

삼불명왈무외。 피유칠백구십억대보살중 제소보
三佛名曰無畏。　彼有七百九十億大菩薩衆　諸小菩

살급비구등 불가칭계 개당왕생。 시방세계제불명
薩及比丘等　不可稱計　皆當往生。　十方世界諸佛名

호 급보살중 당왕생자 단설기명 궁겁부진。
號　及菩薩衆　當往生者　但說其名　窮劫不盡。

제사십삼 비시소승
第四十三 非是小乘

불고자씨 여관피제보살마하살 선획이익。 약유선
佛告慈氏　汝觀彼諸菩薩摩訶薩　善獲利益。　若有善

남자 선여인 득문아미타불명호 능생일념희애지
男子　善女人　得聞阿彌陀佛名號　能生一念喜愛之

심 귀의첨례 여설수행。 당지차인위득대리。 당획
心　歸依瞻禮　如說修行。　當知此人爲得大利。　當獲

여상소설공덕 심무하열 역불공고 성취선근 실
如上所說功德　心無下劣　亦不貢高　成就善根　悉

개증상。 당지차인비시소승 어아법중 득명제일제
皆 增 上。 當 知 此 人 非 是 小 乘 於 我 法 中 得 名 第 一 弟

자。 시고여천인세간아수라등 응당애락수습 생희
子。 是 故 汝 天 人 世 間 阿 修 羅 等 應 當 愛 樂 修 習 生 希

유심。 어차경중 생도사상 욕령무량중생 속질안주
有 心。 於 此 經 中 生 導 師 想 欲 令 無 量 衆 生 速 疾 安 住

득불퇴전 급욕견피광대장엄 섭수수승불찰 원만공
得 不 退 轉 及 欲 見 彼 廣 大 莊 嚴 攝 受 殊 勝 佛 刹 圓 滿 功

덕자。 당기정진 청차법문 위구법고 불생퇴굴첨위
德 者。 當 起 精 進 聽 此 法 門 爲 求 法 故 不 生 退 屈 諂 僞

지심。 설입대화 불응의회。 하이고 피무량억제보
之 心。 設 入 大 火 不 應 疑 悔。 何 以 故 彼 無 量 億 諸 菩

살등 개실구차미묘법문 존중청문 불생위배。 다유
薩 等 皆 悉 求 此 微 妙 法 門 尊 重 聽 聞 不 生 違 背。 多 有

보살 욕문차경이불능득 시고여등 응구차법。
菩 薩 欲 聞 此 經 而 不 能 得 是 故 汝 等 應 求 此 法。

제사십사 수보리기
第四十四 受菩提記

약어래세 내지정법멸시 당유중생 식제선본 이
若 於 來 世 乃 至 正 法 滅 時 當 有 衆 生 植 諸 善 本 已

증공양무량제불。 유피여래가위력고 능득여시광
曾 供 養 無 量 諸 佛。 由 彼 如 來 加 威 力 故 能 得 如 是 廣

대법문。 섭취수지 당획광대일체지지。 어피법중
大法門。 攝取受持 當獲廣大一切智智。 於彼法中

광대승해 획대환희 광위타설 상락수행。 제선남
廣大勝解 獲大歡喜 廣爲他說 常樂修行。 諸善男

자 급선여인 능어시법 약이구 현구 당구자 개
子 及善女人 能於是法 若已求 現求 當求者 皆

획선리。 여등응당안주무의 종제선본 응상수습
獲善利。 汝等應當安住無疑 種諸善本 應常修習

사무의체 불입일체종류진보성취뢰옥。 아일다 여
使無疑滯 不入一切種類珍寶成就牢獄。 阿逸多 如

시등류대위덕자 능생불법광대이문。 유어차법불
是等類大威德者 能生佛法廣大異門。 由於此法不

청문고 유일억보살 퇴전아누다라삼먁삼보리。 약
聽聞故 有一億菩薩 退轉阿耨多羅三藐三菩提。 若

유중생 어차경전 서사공양 수지독송 어수유경
有衆生 於此經典 書寫供養 受持讀誦 於須臾頃

위타연설。 권령청문 불생우뇌 내지주야사유피찰
爲他演說。 勸令聽聞 不生憂惱 乃至晝夜思惟彼刹

급불공덕。 어무상도 종불퇴전。 피인임종 가사삼
及佛功德。 於無上道 終不退轉。 彼人臨終 假使三

천대천세계만중대화 역능초과 생피국토。 시인이
千大天世界滿中大火 亦能超過 生彼國土。 是人已

증치과거불 수보리기。 일체여래 동소칭찬。 시고
曾値過去佛 受菩提記。 一切如來 同所稱讚。 是故

응당전심신수 지송설행。
應當專心信受 持誦說行。

제사십오 독류차경
第四十五 獨留此經

오금위제중생설차경법　영견무량수불　급기국토일
吾今爲諸衆生說此經法　令見無量壽佛　及其國土一

체소유。　소당위자　개가구지。　무득이아멸도지후
切所有。　所當爲者　皆可求之。　無得以我滅度之後

부생의혹。　당래지세　경도멸진　아이자비애민　특
復生疑惑。　當來之世　經道滅盡　我以慈悲哀愍　特

류차경　지주백세。　기유중생　치사경자　수의소원
留此經　止住百歲。　其有衆生　値斯經者　隨意所願

개가득도。　여래흥세　난치난견。　제불경도　난득난
皆可得度。　如來興世　難値難見。　諸佛經道　難得難

문。　우선지식　문법능행　차역위난。　약문사경　신
聞。　遇善知識　聞法能行　此亦爲難。　若聞斯經　信

락수지　난중지난　무과차난。　약유중생　득문불성
樂受持　難中之難　無過此難。　若有衆生　得聞佛聲

자심청정　용약환희　의모위기혹루출자　개유전세
慈心淸淨　踊躍歡喜　衣毛爲起或淚出者　皆由前世

증작불도　고비범인。　약문불호　심중호의　어불경
曾作佛道　故非凡人。　若聞佛號　心中狐疑　於佛經

어　도무소신　개종악도중래。　숙앙미진　미당도탈。
語　都無所信　皆從惡道中來。　宿殃未盡　未當度脫。

고심호의　불신향이。
故心狐疑　不信向耳。

제사십육 근수견지
第四十六 勤修堅持

불고미륵　제불여래무상지법　십력무외　무애무
佛 告 彌 勒　諸 佛 如 來 無 上 之 法　十 力 無 畏　無 礙 無

착　심심지법　급바라밀등보살지법　비역가우。 능
著　甚 深 之 法　及 波 羅 蜜 等 菩 薩 之 法　非 易 可 遇。 能

설법인　역난개시。견고심신　시역난조。아금여리
說 法 人　亦 難 開 示。堅 固 深 信　時 亦 難 遭。我 今 如 理

선설여시광대미묘법문　일체제불지소칭찬。 부촉
宣 說 如 是 廣 大 微 妙 法 門　一 切 諸 佛 之 所 稱 讚。 付 囑

여등　작대수호。위제유정장야이익　막령중생윤
汝 等　作 大 守 護。爲 諸 有 情 長 夜 利 益　莫 令 衆 生 淪

타오취　비수위고。응근수행　수순아교。당효어불
墮 五 趣　備 受 危 苦。應 勤 修 行　隨 順 我 敎。當 孝 於 佛

상념사은。당령시법구주불멸。당견지지　무득훼
常 念 師 恩。當 令 是 法 久 住 不 滅。當 堅 持 之　無 得 毀

실。무득위망　증감경법　상념부절　즉득도첩。 아
失。無 得 爲 妄　增 減 經 法　常 念 不 絶　則 得 道 捷。 我

법여시　작여시설。여래소행　역응수행。종수복선
法 如 是　作 如 是 說。如 來 所 行　亦 應 隨 行。種 修 福 善

구생정찰。
求 生 淨 刹。

제사십칠 복혜시문
第四十七 福慧始聞

이시세존이설송왈

爾 時 世 尊 而 說 頌 曰

약불왕석수복혜　어차정법불능문

若 不 往 昔 修 福 慧　於 此 正 法 不 能 聞

이증공양제여래　즉능환희신차사。

已 曾 供 養 諸 如 來　則 能 歡 喜 信 此 事。

악교해태급사견　난신여래미묘법

惡 驕 懈 怠 及 邪 見　難 信 如 來 微 妙 法

비여맹인항처암　불능개도어타로。

譬 如 盲 人 恒 處 闇　不 能 開 導 於 他 路。

유증어불식중선　구세지행방능수

唯 曾 於 佛 植 衆 善　救 世 之 行 方 能 修

문이수지급서사　독송찬연병공양。

聞 已 受 持 及 書 寫　讀 誦 讚 演 幷 供 養。

여시일심구정방 결정왕생극락국
如是一心求淨方　決定往生極樂國

가사대화만삼천 승불위덕실능초。
假使大火滿三千　乘佛威德悉能超。

여래심광지혜해 유불여불내능지
如來深廣智慧海　唯佛與佛乃能知

성문억겁사불지 진기신력막능측。
聲聞億劫思佛智　盡其神力莫能測。

여래공덕불자지 유유세존능개시
如來功德佛自知　唯有世尊能開示

인신난득불난치 신혜문법난중난。
人身難得佛難值　信慧聞法難中難。

약제유정당작불 행초보현등피안
若諸有情當作佛　行超普賢登彼岸

시고박문제지사 응신아교여실언。
是故博聞諸智士　應信我教如實言。

여시묘법행청문　응상염불이생희
如是妙法幸聽聞　應常念佛而生喜

수지광도생사류　불설차인진선우。
受持廣度生死流　佛說此人眞善友。

제사십팔 문경획익
第四十八 聞經獲益

이시세존설차경법　천인세간유만이천나유타억중
爾時世尊說此經法　天人世間有萬二千那由他億衆

생　원리진구　득법안정。이십억중생　득아나함
生　遠離塵垢　得法眼淨。二十億衆生　得阿那含

과。육천팔백비구　제루이진　심득해탈。사십억보
果。六千八百比丘　諸漏已盡　心得解脫。四十億菩

살　어무상보리주불퇴전　이홍서공덕이자장엄。이
薩　於無上菩提住不退轉　以弘誓功德而自莊嚴。二

십오억중생　득불퇴인。사만억나유타백천중생　어
十五億衆生　得不退忍。四萬億那由他百千衆生　於

무상보리미증발의　금시초발　종제선근　원생극락
無上菩提未曾發意　今始初發　種諸善根　願生極樂

견아미타불。개당왕생피여래토　각어이방차제성
見阿彌陀佛。皆當往生彼如來土　各於異方次第成

불　동명묘음여래。부유시방불찰　약현재생　급미
佛　同名妙音如來。復有十方佛刹　若現在生　及未

래생　견아미타불자　각유팔만구지나유타인　득수
來生　見阿彌陀佛者　各有八萬俱胝那由他人　得授

기법인　성무상보리。피제유정　개시아미타불숙원
記法忍　成無上菩提。彼諸有情　皆是阿彌陀佛宿願

인연　구득왕생극락세계。이시삼천대천세계육종
因緣　俱得往生極樂世界。爾時三千大天世界六種

진동　병현종종희유신변　방대광명　보조시방。부
震動　幷現種種希有神變　放大光明　普照十方。復

유제천　어허공중　작묘음악　출수희성。내지색계
有諸天　於虛空中　作妙音樂　出隨喜聲。乃至色界

제천　실개득문　탄미증유　무량묘화분분이강。존
諸天　悉皆得聞　歎未曾有　無量妙花紛紛而降。尊

자아난　미륵보살　급제보살성문　천룡팔부　일체
者阿難　彌勒菩薩　及諸菩薩聲聞　天龍八部　一切

대중　문불소설　개대환희　신수봉행。
大衆　聞佛所說　皆大歡喜　信受奉行。

불설대승무량수장엄청정평등각경　종
佛說大乘無量壽莊嚴淸淨平等覺經　終

01 현겁은 지금 우리들이 있는 겁으로, 이 현겁에 1천의 부처님께서 계속 출현하신다. 이것은 매우 희유하고 수승한 일이므로 현겁이라고 한다. 석가모니불은 현겁에 네 번째로 출현하신 부처님이다.

02 정사(正士)는 재가(在家) 보살을 가리키는 말이다.

03 보현보살의 덕이란 보현보살이 십대원왕으로 중생을 인도하여 극락세계로 돌아가게 하는 것이다.

04 일체의 공덕법이란 제불의 무량하고 미묘한 공덕의 본체를 뜻하며, 또한 바로 법성(法性)과 법신(法身)이다.

05 부처의 법장(法藏)이란 불법의 법성의 이체(理體)를 뜻한다. 법성 가운데는 자연히 무량한 성품의 덕을 함장하고 있으므로 법장이라고 하는 것이다. 따라서 법장에 들어간다는 것은 법성의 이체와 계합하여 증득한 것을 말한다.

06 세 가지 괴로움이란 고고(苦苦), 괴고(壞苦), 행고(行苦)를 말하
며, 또한 삼계(三界 ; 욕계, 색계, 무색계) 중생의 생사의 괴로움을
뜻하기도 한다. 정토종의 종지로 볼 때에는 뒤의 해석이 부
합된다.

07 관정(灌頂)이란 원래 고대 인도에서 국왕이 즉위할 때 네 바
다의 물을 취하여 왕의 머리에 뿌려서 국왕의 자리에 올랐
다는 것을 표시하는 의식이었다. 밀교에서 관정을 주어 사
람의 사표(師表)가 되게 하는 의식이다.

08 아사리는 궤범사(軌範師)라고 번역한다. 다른 보살을 인도하
기 위하여 모범을 보이는 스승이 되는 것이다.

09 상응함이란 관하는 경계와 이해한 지혜가 상응하도록 수습
하는 것을 뜻한다. 즉 오온이 모두 공하다는 것을 이해하는
것은 지혜에 속하는데, 만약 그대가 만나는 경계를 진정으
로 공으로 볼 수 있으면, 경계와 지혜가 일치한 것이며, 비
로소 상응함이라고 할 수 있다.

10 삼승(三乘)이란 성문, 연각, 보살을 말한다.

11 화엄삼매(華嚴三昧)란 일진법계를 본체로 삼고 전심으로 수습
하여 일심에 이른 것을 뜻한다. 바꾸어 말하면 일진법계는
곧 각자의 본심, 진심이므로 자기의 진심에 대하여 여실하
게 깨달아 아는 것을 화엄삼매라고 한다.

12 진실지제(眞實之際)란 실상의 미묘한 곳을 궁구하여 도달한 구
경의 지극한 곳이라는 뜻으로서 바로 부처의 지견(佛知見)을

가리킨다. 불지견은 사량분별로는 이해할 수 없는 것이다.

13 청하지 않은 벗이란 중생이 도움을 청하지 않아도 주동적으로 나서서 중생의 벗이 되어 중생을 돕는다는 뜻이다.

14 보살의 교화는 곧 중생의 여래장을 계발하여 본래 갖춘 불성을 밝게 드러나게 하는 것이며, 이것을 '부처의 종성을 보호하는 것'이라고 한다.

15 법안(法眼)을 준다는 것은 중생을 교화하여 불법에 대하여 바른 지견이 생기게 하며, 그 중생은 스스로 지혜를 얻게 되는 것이다. 따라서 이것은 보살이 중생에게 법안을 주는 것과 같다는 뜻이다.

16 선의 문은 곧 보리열반의 문을 뜻한다. 정토법문을 수지하면 곧바로 극락왕생하여 성불의 문으로 들어간다는 뜻이다.

17 등정각(等正覺)은 무상정등정각(阿耨多羅三藐三菩提)의 줄임말로서 구역(舊譯)에서는 무상정변지라고 하였다.

18 염력(念力)과 혜력(慧力)을 말하며, 오력(五力 : 믿음, 정진, 염, 정, 혜) 가운데 가장 중요한 것으로서 오력을 대표한다.

19 210억이란 숫자는 『화엄경』「화장세계품」에 나오는 숫자로서 불국토의 연화세계해는 20중(重)이며, 각 하나의 중에는 210미진수의 불국토가 있다고 한다. 이 경의 210억 불국토는 210미진수의 불찰을 뜻하며, 또한 무량의 불국토를 나타내는 것이다.

20 구지는 앞에서 나온 210억을 뜻한다.

²¹ 바라밀다는 도피안^(到彼岸)이라고 하며, 중생을 생사의 이쪽 언덕에서 열반의 저쪽 언덕으로 건너게 할 수 있는 힘을 말한다.

²² 금강나라연은 천상의 금강역사를 말하는데, 손에 금강저를 잡고 있으며, 금강의 몸과 견고한 힘을 가지고 있다. 따라서 왕생하는 사람은 부처님의 원력의 가피로 인하여 금강불괴의 몸을 얻어 수명이 자재하고, 아울러 견고한 힘을 갖추게 된다.

²³ 보현보살의 열 가지 큰 행원을 말한다.

²⁴ 보등삼매^(普等三昧)는 보편적으로 평등하게 보며, 선악과 정사^(正邪), 부처와 마 등 일체에 차별이 없는 삼매이다. 청정삼매, 해탈삼매, 보등삼매는 모두 염불삼매이다. 따라서 염불삼매를 보왕삼매^(寶王三昧)라고 한다.

²⁵ 평등주^(平等住)를 얻는다는 것은 일체법은 평등하여 높고 낮음이 없으며, 평등한 법에 안주하여 마음과 부처와 중생이 차별이 없는 경지에 머무는 것을 뜻한다.

²⁶ 첫 번째의 인은 음향인^(音響忍), 두 번째의 인은 유순인^(柔順忍), 세 번째의 인은 무생법인^(無生法忍)을 말한다.

²⁷ 여기서 적정행^(寂靜行)은 모든 보살이 무여열반으로 들어가는 미묘한 행을 뜻한다.

²⁸ 진제문^(眞諦門)이란 진실하여 허망하지 않은 진여실상의 제일의제^(第一義諦)의 문을 말한다. 진제를 통하여 열반으로 들어

가므로 문이라고 칭한 것이다.

²⁹ 육바라밀 가운데 인욕바라밀의 힘을 뜻한다.

³⁰ 항상 적멸한 삼매〔常寂三昧〕는 생멸하는 번뇌를 떠난 불생불멸의 진여실상에 머무는 삼매를 뜻한다.

³¹ 여실안주(如實安住)는 여여하게 머문다는 뜻이다. 이것은 여실하게 자심을 알고 자심에 안주하는 것이며, 또한 제법실상에 안주하는 것이며, 법신에 안주하는 것이다.

³² 사유(四維)는 서북방, 서남방, 동북방, 동남방의 네 방위를 가리키는 말이다.

³³ 오음은 중국 고대의 음계인 궁(宮), 상(商), 각(角), 징(徵), 우(羽)를 말한다.

³⁴ 애절하게 울리는 것은 듣는 자로 하여금 중생을 불쌍히 여기는 마음을 불러일으키는 것이다.

³⁵ 여덟 가지의 공덕은 1. 맑고 청정하다, 2. 맑고 시원하다, 3. 달다, 4. 가볍고 부드럽다, 5. 윤택하다, 6. 편안하고 조화롭다, 7. 기갈 등 많은 근심을 없앤다, 8. 육근과 사대를 장양하고, 수승한 선근을 늘린다는 것이다.

³⁶ 감로의 법수로 제자에게 관정하면 이 사람은 반드시 무상의 보리에서 물러나지 않으며, 이후 반드시 법왕(法王 ; 부처)의 지위를 계승한다.

³⁷ 마음이 중도실상의 이치와 계합하면 자연히 정직해지고 차별심이 없어져 평등한 마음을 갖게 된다.

佛說大乘無量壽莊嚴淸淨平等覺經

³⁸ 식사를 하는 것은 모두 왕생자의 습기로부터 이루어지는 것
으로서 식사를 하고 싶을 때 마음을 따라 자연히 먹을 것이
나타나는 것이다. 범성동거토에는 아직 많은 범부들이 있
다.

³⁹ 관(冠)은 모자이고 대(帶)는 몸에 매는 띠를 말하며, 영락은
보배를 줄에 꿰어 몸에 거는 것을 말한다.

⁴⁰ 멸진정이란 번뇌가 다 소멸되는 선정으로서 이 정을 증득하
면 아라한과를 얻는다.

⁴¹ 삼십육은 극락세계에 사토(四土: 범성동거토, 방편유여토, 실보장엄토,
상적광토)가 있고, 하나의 국토에 구품(九品)이 있으므로 36품
이 된다. 삼십육은 여기에서 나온 것으로 생각된다(황념조 거사
의 설명).

⁴² 정정취(正定聚)는 인과와 일불승의 도리를 믿고 수행하여 반
드시 열반을 증득할 중생의 부류를 가리킨다.

⁴³ 사정취(邪定聚)는 인과의 도리를 믿지 않아 반드시 삼악도에
떨어질 중생의 부류를 말하며, 부정취는 때로는 좋았다가
때로는 나빴다가 하면서 진보하고 물러남이 정해지지 않은
중생의 부류를 말한다. 이와는 다른 견해로서 삼현(三賢: 십주,
십행, 십회향)과 십성(十聖: 십지의 보살)을 정정취라고 하고, 십신
(十信)의 보살은 아직 진보할지 퇴보할지 정해지지 않았으므
로 부정취라고 하며, 십신 이전의 중생은 인과의 도리를 믿
지 않아 반드시 악도에 떨어질 것이므로 사정취라고 한다.

44 왕생의 원인이란 진정으로 생사의 문제를 해결하기 위하여 보리심을 발하고, 깊은 믿음과 발원으로 부처님의 명호를 염하는 것이다(철오(徹悟) 대사의 견해).

45 광장설상(廣長舌相)은 부처님의 32상 가운데 하나로서 혀가 얼굴 전체를 덮을 수 있는 모습이며, 무량겁 동안 거짓말, 꾸미는 말, 이간질하는 말, 나쁜 말 등의 과실을 범하지 않았기 때문에 이러한 모습을 갖추게 된다.

46 여기서의 음욕하지 않는다는 것은 출가자는 음욕하지 않아야 하고, 재가자는 사음하지 않아야 함을 뜻한다.

47 각자의 정진에 따라 부처를 이루는 것이 빠르고 늦다는 것이다.

48 가장 수승한 부처님은 바로 아미타불을 가리킨다.

49 도(道)란 미혹을 끊고 무명을 타파하여 중도실상의 이치를 증득한 지혜를 뜻한다.

50 통찰하여 보는 것은 천안통을 말하고, 관통하여 듣는 것은 천이통을 말한다.

51 이 구절은 타심통, 숙명통, 천안통을 같이 말하고 있다.

52 상여일법(常如一法)에서 하나의 법이란 일진법계(一眞法界)를 뜻하며, 하나가 즉 많은 것이고, 많은 것이 즉 하나이다(一即多 多即一). 이것은 사사무애(事事無礙)의 불가사의하고 미묘한 경계를 나타내는 것이다.

53 걸림 없는 지혜, 즉 무애혜(無礙慧)는 원융하게 통달한 부처님

의 지혜를 가리킨다.

54 여기서 선(善)이란 두 가지의 뜻을 함축하고 있다. 하나는 염
불수행을 가리키고, 다른 하나는 널리 모든 착한 일을 행하
여 회향하는 것이다.

55 도에도 두 가지를 포함하고 있다. 첫째는 아미타불의 본원
이며 타력의 큰 도로서 자력의 수행을 거치지 않고 아미타
불의 본원력으로 곧바로 도의 세계로 들어가므로 자연이라
고 하며, 둘째는 삼승이 증득하는 도를 말하며, 무위자연으
로서 자성의 조작함이 없으므로 자연이라고 한 것이다.

56 안과 밖을 포용하고 받아들인다는 것은 이(理)와 사(事)가 원
융무애하여 진제와 속제, 세간과 출세간의 모든 것을 널리
받아들이는 것을 뜻한다.

57 자연 가운데의 자연의 모습이란 삼라만상의 제법의 실상을
가리킨다.

58 근본이란 본성을 말한다.

59 수미산 아래 사방으로 네 개의 세계가 있는데, 울단월은 북
구로주를 가리킨다.

60 다섯 세계란 천상, 인간, 축생, 아귀, 지옥세계를 말하며, 아
수라는 지옥 외의 모든 세계에 포함된다.

61 수승한 세계는 극락세계를 가리킨다.

62 보리심을 발하여 성불의 도를 구하는 것을 말한다.

63 오악(五惡)이란 살생, 절도, 사음, 망어, 음주를 말한다. 즉 오
계를 범하는 것이다.

64 오통(五痛)이란 오악을 범함에 따라 현세에서 받게 되는 괴로움을 말한다.

65 오소(五燒)란 금생에 오악을 지어 내생에 삼악도에 떨어져 받게 되는 과보를 말한다.

66 마땅히 구해야 하는 것은 자립하고 바른 일을 하며, 덕을 쌓고 선을 행하며, 복과 지혜를 닦고 정토왕생을 구하는 것이다.

67 자기의 선근이란 자기의 마음을 의지하여 성불할 수 있는 것을 뜻한다.

68 아미타불의 불가사의한 다섯 가지의 지혜를 뜻한다.

불설대승무량수장엄청정평등각경
佛說大乘無量壽莊嚴淸淨平等覺經

2017년 2월 17일 초판 1쇄 발행

회집 하련거 • 번역 각산 정원규
발행인 박상근(至弘) • 편집인 류지호 • 편집 김선경, 양동민, 이기선
디자인 쿠담디자인 • 제작 김명환 • 전략기획 유권준, 김대현, 박종욱, 양민호 • 관리 윤애경
펴낸 곳 불광출판사 (03150) 서울시 종로구 우정국로 45-13, 3층
　　　　대표전화 02) 420-3200 편집부 02) 420-3300 팩시밀리 02) 420-3400
　　　　출판등록 1979. 10. 10.(제300-2009-130호)

ISBN 978-89-7479-339-5 (03220)

이 도서의 국립중앙도서관 출판예정도서목록(CIP)은
서지정보유통지원시스템 홈페이지(http://seoji.nl.go.kr)와
국가자료공동목록시스템 (http://www.nl.go.kr/kolisnet)에서 이용하실 수 있습니다.
(CIP제어번호: 2017003083)